W0181241

Inhalt

VORWORT

Wo beginnt Kriminalität? Diese Frage birgt in sich eine Vielzahl von Antworten, je nachdem, welchem Rechtssystem, welcher Kultur oder welchem individuellen Empfinden man folgt. Die Grenzen zwischen Recht haben und Recht sprechen verschwimmen oft in einem undurchsichtigen Nebel, der die vielschichtige Welt der Kriminalität umhüllt.

Dieses Buch ist das Ergebnis einer faszinierenden Reise durch die Schattenseiten des Lebens, inspiriert von den Gedanken und Anregungen meiner jüngsten Patenmädchen. Wir haben uns auf eine aufwendige wir Recherche begeben, um uns den Problematiken zu stellen, die besonders Jugendliche in unserer Gesellschaft bewegen. Doch was am Anfang als klare Vision erschien, wandelte sich im Verlauf der Recherche zu einer Sammlung ganz unterschiedlicher Geschichten.

Die Suche nach der eigenen Identität, nach Liebe und Anerkennung ist eine universelle Herausforderung, die nicht nur Jugendliche, sondern auch Erwachsene antreibt. Dabei offenbart sich nicht selten ein düsteres Kapitel im Buch des Lebens – ein Kapitel, in dem das Streben nach Liebe in ein Grauen mündet, das im Namen der Liebe verübt wird.

In diesem ersten Band von »TEILWEISE KRIMINELL« nehmen wir Sie mit auf eine fesselnde Reise durch die

Abgründe menschlicher Existenz. Ein gemeinsames Element verbindet die verschiedenen Geschichten – ein rosa Prepaid Handy. Ein unscheinbares Objekt, das die Fäden zwischen den Schicksalen spinnt. Doch wird es Leben retten oder in ein düsteres Verderben führen? Die Antwort liegt in den Geschichten selbst, in den Entscheidungen der Figuren und in den tiefgreifenden Wendungen, die das Leben manchmal nimmt.

Begeben Sie sich in die Welt von »TEILWEISE KRIMINELL« und lassen Sie sich von den vielschichtigen Erzählungen mitreißen. Möge dieses Buch nicht nur unterhalten, sondern auch zum Nachdenken anregen – über die Grenzen der Moral, die Vielschichtigkeit von Kriminalität und die oft fragilen Linien, die zwischen Liebe und Grauen verlaufen.

Viel Spaß dabei

Ihre

Claudia Westhagen

HINTER DEM ZAUN

»Was haben wir nur falsch gemacht?«
Marta und Víctor Marrero starren auf das Plakat.
Es hängt an dem bunten Zaun der Schule, die ihre
Tochter Carmela-Nieves besucht.

Vermisst!
Die 14-jährige Schülerin Carmela-Nieves Marrero wur-
de zuletzt am Freitag, den 22.06. in La Palma gesehen.
Sie ist 159 cm groß, schlank und hat gelocktes braunes
Haar und braune Augen.
Wer kann Angaben zu ihrem Aufenthaltsort machen?
Hinweise, auch anonym, an jedes Polizeikommissariat.

Desparecida/Missing!
La alumna Carmela-Nieves Marrero de 14 años.
Vista por última vez el pasado viernes 22 de junio.
A ella se le perdió la pista en La Palma.
La menor mide 1,59 metros de altura,
es de complexión delgada, tiene pelo castaño rizado
y los ojos marrones.
¿Quien puede dar informacion sobre su paradero?
También informaciones anónimas en cualquier co-
misaría.

»Wenn ihr etwas zugestoßen ist, dann werde ich mir das
nie verzeihen«, stößt Marta gepresst hervor und blickt

9

Víctor verzweifelt an. »Wie kann es sein, dass sie zwei Tage nicht nach Hause kommt?«

Víctor fasst ihre Hand. »Beruhig dich! So viele Menschen helfen uns und suchen mit. Wir müssen jetzt stark sein, für Carmela-Nieves. Sie wird schon wieder auftauchen.« Er hofft, dass seine Frau nicht merkt, wie ohnmächtig er sich fühlt.

»Was meinst du? Ist sie weggelaufen und hat sich verletzt?«

Hilflos zuckt er mit den Schultern.

»Sag doch was, Víctor. War es ein Fehler, nach La Palma zu ziehen? Erst der Vulkanausbruch und jetzt das.«

»Du weißt genau, dass wir wegen der Arbeit hierhergezogen sind.«

»Ja, Arbeit, immer nur arbeiten! Dabei hätten wir mehr Zeit für unseren Sonnenschein gebraucht. Anstatt Erika aus Deutschland zu engagieren. Vielleicht war sie traurig, dass das Au-pair-Mädchen wieder nach Hause musste?« Marta schluchzt in ihr Taschentuch.

»Die beiden haben sich doch gut verstanden. Und Brena Baja ist ein wunderschöner Wohnort. So idyllisch hatten wir es vorher nicht.«

»Pah, idyllisch! Dieser Capitán Enrique Sanchez von der Guardia Civil, der die Ermittlung leitet, hat doch glatt gefragt, ob sie einen Freund hat. Unser kleines Mädchen. Und ob sie einsam war, wollte er wissen. Wir haben doch alles für unsere Tochter getan. Ihr jeden Wunsch von den Augen abgelesen. Ob sie verschleppt wurde? Was meinst du?«

»Hör jetzt auf dir tausend Gedanken zu machen. Wir

müssen überlegen, wo sie sein könnte. Nur das zählt.«

Kurz bevor Enrique Sanchez die Türklinke des Raumes zur Dienstbesprechung herunterdrückt, holt er tief Luft. Jedes Mal, wenn ein Kind vermisst wurde, erinnert ihn das an seine jüngste Schwester. Das Warten und Bangen vor fünfundzwanzig Jahren, als sie verschwand. Wenn er und seine Familie doch endlich wüssten, ob sie noch lebt, oder was ihr zugestoßen ist. Jetzt musste er sich erst einmal um den Fall des vor zwei Tagen verschwundenen Mädchens kümmern. Er reißt sich zusammen, zieht die Schultern hoch und betritt lässig den Raum.

»Buenos días. Danke, dass Sie alle am Sonntag gekommen sind. Es sind achtundvierzig Stunden vergangen seit Carmela-Nieves verschwunden ist. Erfahrungsgemäß drängt die Zeit. Was haben wir?«

Teniente Alfonso Oramas räuspert sich. »Ich fass mal zusammen.«

»Bitte kurz.«

»Klar. Die Befragung der Mitschülerinnen und Mitschüler hat nicht viel ergeben. Sie ist neu an der Schule. Eine Außenseiterin, die mit niemandem Kontakt hat. Es steht nur noch ein Schüler zur Befragung aus. José Gonzales muss für seine Eltern am Strand Eis verkaufen. Wir können ihn nicht erreichen. Er kommt heute

Abend zurück. Dann die Eltern des Mädchens. Die versichern, dass zu Hause alles in Ordnung ist und es keinerlei Streitigkeiten gibt.«

»Aber das sagen sie doch alle«, wirft Subteniente Maria Baute ein.

Enrique Sanchez macht eine ungeduldige Handbewegung. »Was ist mit diesem Au-pair-Mädchen? Kann sie etwas sagen?«

»Da haben wir ein Problem. Erika Sommers ist inzwischen zurück in Deutschland. Wir haben versucht sie telefonisch zu erreichen. Aber es meldete sich nur eine Frau, die kein Spanisch spricht.«

»Wir können nicht jedes Mal einen Übersetzer beauftragen. Dafür haben wir kein Budget. Befindet sich hier jemand mit Deutschkenntnissen?«

Das Schweigen im Raum zeigt ihm, dass dem nicht so ist.

»Mein Bruder arbeitet bei der Organisation SOS Desaparecidos, einer Vereinigung, die sich um verschwundene Personen und deren Familien in ganz Spanien kümmert, auch um Präventionsmaßnahmen.«

»Señorita Baute, das ist uns bekannt. Wir arbeiten Hand in Hand mit ihnen.«

»Ja, aber was ich sagen wollte, ist, dass mein Bruder auf einer Fortbildung eine Frau kennengelernt hat, die Mitglied der IPA ist. Der International Police Association.«

»Kommen Sie bitte zur Sache.«

»Ja, also Carlos, mein Bruder hat diese Frau, Nina Winkler, die aus Deutschland stammt, eingeladen. Sie hält bei SOS Desaparecidos einen Workshop über den

Anstieg von Delikten wie Menschenhandel, Förderung sexueller Handlungen Minderjähriger, Prostitution und Zuhälterei. Gestern hat mein Bruder sie am Flughafen abgeholt. Sie arbeitet in Deutschland bei der Polizei als fest angestellte Übersetzerin.«

»Rufen Sie Ihren Bruder an, Señorita Baute. Holen Sie die Frau umgehend zur Guardia Civil. Nachdem Nina Winkler mit Erika Sommers gesprochen hat, treffen wir uns wieder hier.«

SONNTAG, 16.43 UHR
IPA IN LA PALMA
TELEFONAT MIT NINA WINKLER UND ERIKA SOMMERS

»Hola, ich bin Nina Winkler. Ich rufe im Auftrag der Guardia Civil La Palma an, für die ich übersetze. Ich nehme unser Gespräch auf, damit ich es dann für die Polizei ins Spanische übersetzen kann. Sind Sie damit einverstanden?«

»Ja, natürlich. Haben Sie Carmela-Nieves gefunden?«

»Nein, noch nicht. Wir erhoffen uns Informationen von Ihnen, die uns weiterhelfen.«

»Carmela-Nieves ist wirklich eine gute Freundin von mir, aber sie hat nichts erzählt.«

»Wissen Sie, ob sie ein Handy hat?«

»Ihre Eltern wollten nicht, dass sie eines besitzt. Aber ich habe ihr ein Prepaidhandy geschenkt. Ein Mädchen, das ich in einem Schwimmkurs in Deutschland kennengelernt habe, hat es mir gegeben. Ihr Name ist Lavinia. In den Pfingstferien hat sie mit ihrer Mutter in Las Palmas, Gran Canaria, eine Ferienwohnung gemietet. Ich habe sie dort besucht. Lavinia wollte das Handy nicht mehr. Es ist alt. Ich habe schon versucht Carmela-Nieves darauf zu erreichen, aber es ist ausgeschaltet.«

»Geben Sie mir bitte die Nummer. Haben Sie ein Foto von dem Handy?«

»Ja, was immer hilft. In den paar Monaten, in denen ich auf La Palma war, sind vier Mädchen und zwei Jungen verschwunden. Damals habe ich recherchiert: 20.000 Kinder werden in Spanien vermisst. Davon stammt ein großer Teil von den Kanaren. Dort wachsen die Kinder sehr behütet auf und sind manchmal ein wenig naiv. Ich mache mir solche Sorgen. Hoffentlich finden Sie sie.«

»Hatte sie einen Traum? Einen Wunsch?«

»Sie wollte unbedingt zum Vulkankrater hoch. Auch, wenn es gefährlich ist.«

»Das ist schon einmal ein guter Hinweis. Fällt Ihnen sonst noch was ein? Hatte sie Freunde oder Freundinnen?«

»Mit Ausnahme von mir hat sie niemanden. Sie ist, wie soll ich sagen, etwas isoliert.« Erika zögert. »Vor ein paar Monaten hat sie die Schule gewechselt, weil die Familie umgezogen ist. Und, nun ja, sie ist etwas verträumt. Stundenlang kann sie hinter dem Zaun der Schule stehen und in den Himmel starren. Deshalb wird sie öfters von den Leuten aus ihrer Klasse aufgezogen.«

»Hat sie für jemanden geschwärmt?«

»Nein, zumindest weiß ich von nichts. Vor zwei Tagen

hat sie mich angerufen, weil sie mir etwas Wichtiges erzählen wollte. Aber ich hatte keine Zeit, wollte sie zurückrufen und habe es dann vergessen. Bin im Prüfungsstress. Hätte ich doch nur zugehört.«

»Gibt es jemanden, der für Carmela-Nieves schwärmt?«

»Hm, da fällt mir ein. José, er ist auch in ihrer Klasse. Nachmittags muss er immer in der Eisdiele seiner Eltern aushelfen. Bei dem hatte ich das Gefühl, dass ihm Carmela-Nieves gefällt. Aber angesprochen hat er sie, soviel ich weiß, nicht. Kann ich denn irgendetwas tun?«

»Sie haben schon geholfen. Darf ich mich noch einmal melden, wenn noch Fragen auftauchen.«

»Selbstverständlich, Tag und Nacht.«

SONNTAG, 17.09 UHR
GUARDIA CIVIL IN LA PALMA
BESPRECHUNG: ENRIQUE SANCHEZ, SEIN TEAM UND
NINA WINKLER

»Was ist mit den Fahndungsplakaten?«, erkundigt sich der Capitán bei Señorita Baute.

»Wir haben fünfhundert drucken lassen.«

»Handzettel?«

»Über zweitausend Stück. Der Papierladen von nebenan hat sie kopiert. Umsonst! Die Eltern, die Nachbarn, Schüler und Schülerinnen, alle helfen mit sie zu verteilen. Es gibt eine Menge Hinweise, aber noch nichts Brauchbares.«

»Haben sich die Briefträger gemeldet? Sie sollten

doch besonders auf die Umgebung der Wege achten.

»Nein.«

Enrique Sanchez atmet tief durch. Immer dieselbe frustrierende Abfolge bei den Vermisstenfällen. Aber, er gab nicht auf!

»Frau Winkler, danke dass Sie uns unterstützen.«

»Das ist doch selbstverständlich.« Sie trägt die Übersetzung des Gesprächs mit dem Au-pair-Mädchen vor.

»Immerhin etwas, was uns vielleicht weiterbringt«, bedankt sich der Capitán. »Teniente Alfonso Oramas informieren Sie die Briefträger und schicken Sie ihnen das Foto des Handys. Sie sollen vor allem in Richtung Vulkan die Augen offen halten. Vielleicht ist Carmela-Nieves dorthin unterwegs. Die Schule liegt nicht weit von der Sperrzone entfernt.« Er öffnet eine polizeiinterne Straßenkarte auf dem Tablet. »Mist, hier ist noch immer alles wegen der Giftgase nach dem Vulkanausbruch gesperrt und wir kommen da weder zu Fuß noch mit Suchhunden durch.«

»Was ist mit Drohnen?«, erkundigt sich Nina Winkler.

»Das können Sie leider vergessen. Alle verfügbaren sind für INVOLCAN, dem Institut zur Überwachung der Aktivitäten des Vulkans im Einsatz. Da bleibt nur der Hubschrauber. Aber die dürfen wegen der Asche und dem Feuer das Sperrgebiet nur in großer Höhe überfliegen.«

Es klopft an der Tür. Unwillig ruft Enrique Sanchez: »Was ist?«

Der Pförtner tritt ein. Er übergibt dem Capitán ein altrosa Prepaidhandy.

»Das hat ein Briefträger gefunden.«

»Steht Lavinia hinten drauf?«, fragt Nina Winkler aufgeregt.

»Ja. Aber der Akku ist fast leer. Wir brauchen sofort ein Ladekabel für dieses Uralt-Mobil«, befiehlt Enrique Sanchez.

Ein Techniker erscheint mit einer Kiste voller Kabel unter dem Arm.

»Mal schauen, ob was dabei ist.« Er wühlt in dem Karton. »Está, das passt.«

Zügig steckt es Enrique Sanchez an den Strom. Nach fünf Minuten leuchtet das Display auf. »Wir haben Glück. Es ist so alt, dass es nicht passwortgeschützt ist.« Er prüft die Telefonliste. Sie ist leer. Unter »Menü« und »Notizen« findet er etwas.

Sonntag, 17.28 Uhr
Guardia Civil in La Palma
Nina Winkler übersetzt das Tagebuch von Carmela-Nieves

Enrique Sanchez reicht Nina Winkler das Prepaidhandy. »Können Sie bitte umgehend übersetzen. Es scheint eine Art Tagebuch zu sein. Lassen Sie das Datum jeweils weg. Das spart Zeit.«

Einen Moment dauert es, bis Nina Winkler sich an die kleine Schrift gewöhnt hat.

Auszug aus dem Tagebuch von Carmela-Nieves
Liebes Tagebuch, ich bin jetzt hier allein und ich habe

nur noch dich. Man hat mir Erika weggenommen und alles, was mir geblieben ist, ist ihr Abschiedsgeschenk. Ein Handy, in das ich jetzt mein Tagebuch schreibe. Ich will es in Deutsch schreiben, in der Sprache meiner Oma, weil es mich so mit meiner besten Freundin Erika verbindet.

Liebes Tagebuch, heute war es wieder besonders schlimm in der Schule. Erika würde sagen: »Du musst stark sein. Die sind doch nur neidisch. Lass dich nicht unterkriegen!« Wenn die anderen ihre Köpfe zusammenstecken, gehe ich auf den Schulhof an den Zaun. Was nützt es mir, wenn die Eisenstäbe des Zauns in bunten Farben angestrichen sind? Ich fühle mich trotzdem wie hinter Gittern. Aber weißt du was, ich sehe einfach rüber zum rauchenden Vulkan und träume vor mich hin. Was für eine Kraft dieser speiende Berg hat. Irgendwann werde ich einmal dort hinkommen. Ich weiß es ganz genau!

Liebes Tagebuch, heute stand auf einmal ein junger Mann am Zaun, hat mich angesprochen und gefragt, wie ich heiße:

»¿Hola guapa, como te llamas?«

»Ich bin Carmela-Nieves«.

»Was für ein schöner und seltener Name.«

Ich glaube, er hat mich schon eine Weile beobachtet.

Er hat gesagt: »Ich mag deine schönen Kleider.«

Liebes Tagebuch, ich habe jetzt einen Verbündeten! Er heißt Antonio und ich glaube, er versteht mich. Er lebt hier ohne seine Familie, bei seinem Onkel und er hat so traurige Augen, schwarze Locken und ein Tattoo auf dem Oberarm.

Liebes Tagebuch, du kannst dir gar nicht vorstellen, was ich heute erlebt habe und wo ich war. Er, Antonio, hat mich nach der Schule in die Eisdiele eingeladen. Er ist so nett und er sieht so gut aus. Sollen die anderen mich ruhig ignorieren und hinter meinem Rücken tuscheln. Ich habe meinen Antonio!

Liebes Tagebuch, ich habe heute keine Zeit, denn ich muss ein Foto vom letzten Sommer suchen. Irgendwo muss ich eins im Bikini haben. Antonio hat mich darum gebeten. Er will es seinen Eltern in Chile zeigen.

Liebes Tagebuch, ich habe ein schönes gefunden und stell dir vor, was er drauf geschrieben hat: »Este es mi reina.« Das heißt: Das ist meine Königin.

Liebes Tagebuch, Antonio und ich haben ein Geheimnis, von dem nur wir beide wissen. Er wird mich mit zu seinem Onkel nehmen. Ein Traum wird wahr! Sein Haus mit Pool liegt mitten im Sperrgebiet beim Vulkan. Es wurde von der glühenden Lava verschont. Er hat mir Fotos gezeigt. Er hat ja so Recht, wenn ich das erzählen würde, die anderen würden vor Neid platzen!

Wie soll ich das nur machen, damit es niemand merkt?

Antonio sagt, mit seinem Moped sind wir schnell da und auch wieder zurück.

Liebes Tagebuch, ich habe noch immer keinen Plan und wir treffen uns nicht mehr in der Eisdiele, sondern heimlich auf dem Parkplatz. Heute hat er mich geküsst. Ich steh total auf ihn.

Liebes Tagebuch, ich bin so aufgeregt und ich kann es kaum erwarten! Morgen ist der große Tag. Da ist Freitag und am Nachmittag sind in der Schule die Proben für das Sommerfest.

Antonio wird auf dem Parkplatz auf mich warten. Wir haben vereinbart, dass ich der Lehrerin sage, dass es mir nicht gut geht und ich früher nach Hause gehe. Drück mir die Daumen, dass alles klappt. Ich freue mich so. Das wird das größte Abenteuer meines Lebens.

Sonntag, 19.19 Uhr
Guardia Civil in La Palma
Befragung: Enrique Sanchez, José Gonzales und Nina Winkler

»Die Eisdiele. Erika Sommers hat davon erzählt. Haben Sie mit dem Jungen, José, schon gesprochen?«, fragt Nina Winkler nachdem sie das Tagebuch vorgelesen hat.

Enrique Sanchez sieht sie schräg an. »Ihnen ist schon klar, dass ich die Ermittlung führe?«

»Ja, natürlich, Entschuldigung, ist mein Temperament.« Die Übersetzerin lächelt ihn charmant an. Da kann Enrique nicht mehr böse sein.

»Darf ich bitte bei der Befragung von José dabei sein?«

Enrique Sanchez überlegt. »Okay, aber mischen Sie sich nicht ein.«

José Gonzales wippt unruhig mit dem linken Bein. »Ich habe nichts gemacht. Ich darf beim Kreuzfahrterminal Eis verkaufen. Das ist erlaubt. Am Strand war nichts mehr los.«

»Das glaube ich Ihnen. Wir hoffen nur, dass Sie uns ein bisschen über Carmela-Nieves erzählen können. Sie kennen sie aus der Schule und aus der Eisdiele, nicht wahr?«, befragt ihn der Capitán.

»Ja.« José beißt sich auf die Lippe. »Aber ich habe nichts gemacht.«

»Señor Gonzales. Sie wollen, dass Ihre Klassen-kameradin gefunden wird, oder?«, mischt sich die Übersetzerin ein.

»Claro que sí.«

»Erika Sommers kennen Sie, oder?«

»Die Freundin von Carmela-Nieves, meinen Sie die?«

»Ja, sie hat mir gesagt, dass sie glaubt, dass Sie, nun ja, dass Ihnen Carmela-Nieves gefällt.«

José blickt nach unten. Er zögert und nickt dann langsam mit dem Kopf. »Ich verstehe gar nicht, was sie mit diesem Typen will. Der ist nicht gut für sie.«

»Sie meinen Antonio?«, hakt Enrique Sanchez nach.

»Carmela-Nieves hat ihn so genannt. Aber er hat mal in der Eisdiele telefoniert, als er auf sie gewartet hat. Da hat er sich mit Marco gemeldet.«

»Hören Sie, José. Das ist jetzt sehr wichtig. Haben Sie irgendwann mitbekommen, wo die Zwei hinwollten?

Wir vermuten, dass sie zum Haus seines Onkels in das Sperrgebiet gefahren sind.«

»Nein, da ist Marco oder Antonio oder wie immer der heißt, nicht. Als ich mit meinem Eiswagen auf dem Weg zum Kreuzfahrterminal war, hat er gerade ein Speedboot bestiegen. Aber Carmela-Nieves war nicht dabei. Er war allein. Das ist nicht lange her. Die Señorita hat mich am Hafen abgefangen.«

»Welcher Hafen?«, fragt der Capitán scharf.

»Porto la Marina, der liegt direkt neben dem Hafen Puerto de Santa Cruz de la Palma.«

»Kommen Sie bitte mit. Zeigen Sie uns den Anlegeplatz.«

Sonntag, 19.38 Uhr
Guarda Civil in La Palma
Enrique Sanchez und das Einsatzkommando

Enrique Sanchez läuft zu seinem Polizeiauto und telefoniert mit dem Zuständigen bei der Küstenwache.

»Der Zeuge hat es folgendermaßen beschrieben: Es handelt sich um ein Speedboot. Marke nicht bekannt. Ungefähr fünfzehn Meter lang. Sportlich, weiß mit Holzdekor, einer eleganten Windschutzscheibe und mit Kajüte. Das Boot darf den Hafen nicht verlassen!«

»Der Hafenausgang ist sehr schmal. Wir versuchen ihn zu blockieren. Dann kann er nicht aufs offene Meer fahren.

»Gut, aber nicht handeln, bevor wir da sind. Ich befürchte, dass es zum Schusswaffengebrauch kommen kann. Liegen Kreuzfahrtschiffe vor Anker?«

»Ja, zwei fette Teile. Die Passagiere gehen gerade an Bord.«

»Informieren Sie die Kapitäne. Sie sollen den Einstieg beschleunigen und das Personal informieren. Es darf zu keiner Massenpanik kommen. Sobald das Speedboot La Marina verlassen hat, fährt es ein ganzes Stück direkt längs an den Kreuzfahrtschiffen vorbei. Das kann gefährlich werden.«

Der Capitán blickt in den Rückspiegel. Drei Streifenwagen der Guardia Civil folgen ihm mit eingeschaltetem Blaulicht.

»Da, da ist es. Es legt gerade ab.« José zeigt aufgeregt auf ein Boot, als sie am Hafen ankommen.

In halsbrecherischer Geschwindigkeit rast der Capitán über den Parkplatz, der zu dem Anlegeplatz führt.

Die spanische Guardia de Costa versperrt dem Speedboot den Ausgang des Hafenbeckens.

Der Entführer drosselt den Motor und dreht bei. Er gibt nicht auf, läuft zum Heck und springt mit einem gewagten Satz auf die Hafenmole. In der Hand hält er eine Pistole.

Enrique Sanchez bremst den Wagen direkt vor ihm ab.

»Jose, Sie bleiben im Wagen und Kopf runter«, befiehlt der Capitán. Der Polizist steigt aus dem Wagen. Das Blaulicht wird blinkend auf seinem entschlossenen Gesicht reflektiert. Seine Hand umschließt den Griff der Dienstpistole. »Halt! Geben Sie auf. Lassen Sie die Waffe fallen.«

Die Fahrer der übrigen Streifenwagen umzingeln Marco.

Drei Polizistinnen und vier Polizisten steigen vorsichtig mit gezogener Waffe aus.

»Halten Sie die Position!«, ruft Enrique seinen Kollegen zu.

»Ein letztes Mal. Lassen Sie die Waffe fallen, oder ich schieße. Sie haben keine Chance«, warnt der Capitán den jungen Mann.

Mit einem resignierten Blick lässt Marco die Waffe langsam auf den Boden gleiten. Er hebt die Hände, um sich zu ergeben.

Ein Schuss peitscht durch die Luft.

Marco sinkt getroffen zu Boden.

»Wer zum Teufel hat da geschossen?«, schreit der Capitán.

»Von uns war es niemand«, antworten seine Kollegen.

DONNERSTAG, 17.01 UHR
EIN GARTEN AN EINEM HAUS IN BRENA BAJA
CARMELA-NIEVES SCHREIBT

Liebes Tagebuch, wie dumm war ich. Es war schrecklich. Antonio, nein Marco, wie ich jetzt erfahren habe, hat mir erzählt, dass er noch einen Abstecher zum Hafen macht, um dort etwas für seinen Onkel abzuholen. Ich dachte erst, wie cool, dass ich mir das schicke Boot ansehen darf. Als wir unter Deck gingen, hat Marco einen Champagner aus einem der drei Kühlschränke geholt. Wir haben auf unser Abenteuer angestoßen. Danach war ich benommen und kann mich an nichts mehr erinnern. Der Capitán hat mir erzählt, dass das vermutlich K.-o.-Tropfen waren. Aufgewacht bin ich in einer der Kajüten. Angekettet und mit zugeklebtem Mund. Die ganze Zeit musste ich so ausharren. Gegen Abend kam ein verängstigtes Mädchen in meinem Alter in die Kajüte. Sie wurde so fixiert wie ich. Wir konnten nur mit den Augen kommunizieren.

»Noch eine, dann seid ihr komplett. Ihr seid so leichtgläubige dumme Kühe«, rief uns Marco verächtlich zu.

Dieser Mistkerl! Eigentlich bin ich froh, dass er tot ist. Ich hatte so Schiss. Was für ein Glück, dass José den Fiesling auf dem Schiff gesehen hat. Sie sagen, sonst wäre ich in einem Bordell in Barcelona gelandet. Aber weißt du was, liebes Tagebuch. In der Schule bin ich jetzt eine richtige Berühmtheit. Jeder will mit mir befreundet sein.

Ich brauche das gar nicht. José ist nämlich jetzt mein Freund. Und das andere Mädchen, mit der ich so lange eingesperrt war, sie heißt Nora, meine Freundin. Und Papa und Mama haben mehr Zeit für mich. Gemeinsam werden wir nächsten Monat eine geführte Expedition zum Vulkan machen. Ich freue mich so.

UNTERSCHLEIF

»Dir ist hoffentlich klar, dass Du diese Prüfung heute schaffen musst, Lavinia.«

Lavinia saß mit ihrer Mutter am Küchentisch, kaute an ihrem Vollkornmuffin und konnte die Bissen nicht runterschlucken. Lavinias Mund war trocken. Sie begann zu zittern. »Das weiß ich, Mama. Du musst mich nicht jeden Tag daran erinnern«, zischte sie.

»Du musst nicht pampig werden. Ist nicht meine Schuld. Ich mag gar nicht an die Blamage denken. Zum Glück muss Dein Vater das nicht mehr erleben. Wenn Du's wieder nicht schaffst, kannst du deinen Traum als zukünftige Pilotin vergessen. Du bist immerhin in der 10. Klasse.«, konterte Lavinias Mutter. Sie stand auf, ging zum Kühlschrank und holte eine Flasche Blutorangensaft heraus.

»Dann ist es auch meine Sache und nicht deine.«

»Jetzt aber, Lavinia. Hier, vielleicht helfen dir ein paar Vitamine.« Sie stellte ein Glas Saft vor Lavinia hin.

Lavinias Gesicht war mittlerweile weiß wie das Tischtuch, blutleer. »Ich gebe mein Bestes, werde es schon hinkriegen, Mama.«

»Wenn du so sagst, Lavinia.«

Lavinia beobachtete, wie ihre Mutter sich ihr gegenübersetzte und ein Brötchen zu teilen begann. Sie massakrierte es regelrecht. Von dem Gebäckteil blieben nur einzelne Trümmer und viele Brösel übrig.

»Jetzt lass mich in Ruhe«, schrie Lavinia ihre Mutter an. Du hast keine Ahnung. Außerdem bist Du selbst nervös.«

Ihre Mutter lief rot an. »Natürlich bin ich das. Aber

ich glaube, dir fällt schon was ein«, versuchte sie zu beschwichtigen. »Geh jetzt zur Bushaltestelle, sonst verpasst Du den Schulbus. Und reiß dich zusammen.« Lavinias Mutter stand auf und begann das Geschirr wegzuräumen.

»Ich bin kein Baby mehr. Ich weiß, was ich tun muss, Mama. Außerdem habe ich gelernt und kann mir die Formeln einigermaßen merken. Die Kohlenstoff-Chemie ist zwar nicht mein Ding, aber wird schon«, antwortete Lavinia. Sie packte ihren Rucksack und ging zur Wohnungstür. »Ich melde mich.«

»Genau, wie besprochen«, antwortete ihre Mutter, die sich eine Haarsträhne aus ihrem Gesicht wischte.

An der Bushaltestelle in Geretshausen standen viele Schülerinnen und Schüler herum und warteten auf den Schulbus. Einige hielten ihre Hefte in der Hand, andere ihre Spickzettel.

»Lasst euch nicht vom Mayer erwischen, der geht sofort zum Direktor«, ermahnte sie ein älterer Schüler und grinste übers ganze Gesicht.

»Na, du Schlaumeier, hast du schlechte Erfahrungen mit ihm gemacht, oder?«, sagte Melli, Lavinias beste Freundin.

Der Alleswisser wurde mit einem Schlag ernst und drehte sich weg.

»Das lieben wir. Erst schlau reden, dann kneifen.« Melli konnte sich den Spott nicht verkneifen. Sie ging zu Lavinia, umarmte sie. »Komm, chill your base. Der Mayer wird die Schulaufgabe nicht so schwer machen, weil sonst die halbe Klasse durchfällt.«

»Hoffentlich hast du Recht. Du weißt, dass ich das Schuljahr nicht wiederholen kann, sondern von der Schule fliege«, flüsterte Lavinia, »ich habe die achte Klasse bereits wiederholt.«

»Mensch, das weiß ich. Wir müssen durch. Diese Schulaufgabe packen wir und bald sind Sommerferien«, erwiderte Melli. Sie konnte meistens eine gute Stimmung verbreiten. Heute klang sie optimistischer, als sie in Wirklichkeit war. Eine Fünf oder eine Sechs würde bei ihr das Zeugnis verschlechtern, ihre Bewerbungschancen sinken lassen. Ab jetzt zählte jeder Jahrgang. So hatte sie es Lavinia erzählt.

Der Schulbus bog um die Kurve und hielt an. Alle stiegen ein. Im Bus war es sehr ruhig. Man hörte Blätterrascheln. Einige wiederholten, wieder andere tauschten ihre Schnellhefter aus, um die Hausaufgaben zu vergleichen oder abzuschreiben.

Lavinia schaute aus dem Fenster. Sie hatte einen Zettel mit dem wichtigsten Lernstoff in der Hand. Wenn sie sich die Formeln nur besser merken könnte. Sie fühlte sich leer. Kaum hatte sie einen Satz durchgelesen, wusste sie am Ende nicht mehr, was drinstand. Ein Angstgefühl kroch in ihr hoch. Wenn sie es dieses Mal vergeigte, dann war's das. Vorbei mit ihren Plänen, ihren Studienwünschen. Sie könnte später versuchen, ihr Abitur auf dem zweiten Bildungsweg zu schaffen, das kostete Kraft, wie ihre Mutter berichtete, die sich durch das Abendgymnasium gequält hatte. Mit mäßigem Erfolg.

»Meine Lateinkrise hat mir das Leben schwer gemacht,

Kind!«, pflegte sie zu sagen. Dennoch brachte sie die Kraft auf und studierte später Lebensmittelchemie. »Gib nicht auf, Lavinia«, war ihr üblicher Spruch, wenn eine Schulaufgabe mittelprächtig ausgefallen war.

Der Schulbus erreichte nach kurzer Zeit das Schulgelände von Ebersbach, auf dem ein reges Treiben herrschte. Lavinia kam es vor, als wäre der Fahrer heute besonders schnell gefahren, damit sie früh in der Schule und rechtzeitig im Klassenzimmer sind.

Melli und sie trotteten langsam die Treppen in den ersten Stock hoch. Lavinia hatte einen Kloß im Hals, einen riesigen Knödel, wie sie ihre Oma zubereitete, wenn sie in Oberammergau zu Besuch war.

Die Tür zu ihrem Unterrichtsraum stand offen, drinnen war die ganze Klasse versammelt.

»Na, wo habt ihre eure Spickzettel versteckt?«, wollte Sandra wissen.

»Wir haben keine, das ist auf meiner mentalen Festplatte gespeichert«, konterte Jan, der der Klassenprimus war.

»Er ist ein furchtbarer Streber, der andere nicht abschreiben lässt«, flüsterte Melli Lavinia zu. »Ja, es würde ihn nichts kosten«, antwortete sie leise.

»Na, du brauchst dir keine Sorgen machen, wird bestimmt wieder eine Eins, Herr zukünftiger Nobelpreisträger«, ergänzte Tiago. »Und die Mehrheit hier in der Klasse muss darum kämpfen, das Schuljahr zu schaffen«, rief Melli in die Runde.

»Hört auf, euch gegenseitig fertig zu machen«, ertönte es plötzlich. Der Chemielehrer, Herr Mayer, stand im

Klassenzimmer. »Setzt euch, wir wollen anfangen«, fuhr er fort und ließ seine Aktentasche auf das Lehrerpult fallen.

Lavinia meldete sich und fragte, ob sie nochmal kurz raus dürfte. »Selbstverständlich, aber sei pünktlich zurück. Wenn's gongt, läuft die Zeit. 60 Minuten und nicht länger.«

Er legte die Angaben umgedreht auf das Lehrerpult, anschließend packte er einen Jutebeutel aus. »Meine Lieben, vorher sammle ich alle Handys ein. Zu eurer eigenen Sicherheit. Wenn nichts herumliegt, gerät man nicht in Versuchung.«

»Herr Mayer, wir würden niemals unerlaubte Hilfsmittel verwenden«, meldete sich der »Schlaumeier« aus der vorletzten Reihe.

»Na, Jan, du brauchst keine. Hast wahrscheinlich vierzehn Tage auf diese Schulaufgabe gelernt, um wieder eine Eins zu schreiben. Mit voller Punktzahl«, schnarrte Melli ihn an.

Lavinia reagierte nicht darauf, sie fühlte sich unwohl.

»Ich bitte um Ruhe«, schritt Mayer ein. »Ich rufe euch einzeln auf und ihr kommt mit euren Smartphones sowie Smartwatches nach vorne. Aber schaltet vorher die Geräte ab. Nicht einmal auf lautlos oder Flugmodus. Komplett aus!«, erklärte Herr Mayer. Er nannte den ersten Schüler auf der Liste: Raffael Amelsbach. Der stand auf, packte sein Smartphone und legte es ihm auf den Jutebeutel. Herr Mayer hatte eine Klassenliste vor sich liegen und hakte den Namen ab. »Falls ihr euch wundert, warum ich eure Namen abhake. In einer anderen Klasse gab es einen bemerkenswerten Fall von Unterschleif. Die Dame hatte KI auf dem Handy. Irgendeine Open Source, die sie sich heruntergeladen hatte und lieferte mit deren Hilfe ein Superergebnis in der Englischschulaufgabe. Ein neuer Stern am englischen Himmel durch Betrug.

»Wir würden das niemals machen, Herr Mayer«, rief Jan dazwischen.

»Ist gut«, antwortete ihr Chemielehrer. »Es gilt die alte Regel: Vorsicht ist die Mutter aller mobilen Endgeräte. In diesem Sinne, gebt eure Handys ab. Ihr erhaltet sie nach der Schulaufgabe wieder.«

Die Schüler und Schülerinnen saßen stumm da und beobachteten den Lehrer. Lavinia hatte von dem Fall gehört. Das war Schulgespräch. Seitdem liefen viele Dinge anders ab. Keine Referate ohne zahlreiche Nachfragen von Seiten der Lehrer. Und Projektpräsentationen wurden noch sorgfältiger überprüft.

Lavinia gab Herrn Mayer ihr altes Handy und setzte sich wieder hin. Er schaute seine Schülerin freundlich an und sagte zu ihr: »Lavinia, das schaffst du!«

Sie war sich nicht so sicher und lächelte tapfer. Nachdem alle Smartphones und -watches in Mayers Beutel verstaut waren, packte er die Angaben und begann sie auszuteilen. »Ab sofort wird nicht mehr gesprochen. Wer redet, hat ein Problem. Ich lege die Blätter umgedreht hin. Sobald ich fertig mit dem Austeilen bin, drehen wir gemeinsam um. Falls es Verständnisfragen gibt, fragt mich. Dann läuft die Arbeitszeit.«

In der Klasse schauten alle noch ernster. Sophia schnäuzte sich zum hundertsten Mal, was sie immer machte, wenn sie aufgeregt war.

»Bist du bald fertig? Ich kann mich nicht konzentrieren«, krähte Jan von hinten.

»Mensch, beruhigt euch, die Fragen wisst ihr, wer ein bisschen gelernt hat, muss sich keine Sorgen machen«, versuchte Herr Mayer zu beschwichtigen.

»Okay, okay«, grummelte Jan, dann las er die erste Aufgabe durch.

Lavinia wollte die erste und die zweite Aufgabe bearbeiten. Nichts. Ihr fiel absolut nichts ein. Bei der dritten Aufgabe konnte sie wenigstens die Formel erklären und den Versuch. Sie überflog die restlichen Prüfungsfragen. Es würde knapp werden, entweder eine knappe Vier oder eine gute Fünf. Gute Fünf, das war allein schon der Spott hoch drei. Wie sollte eine Fünf gut sein? Oder gute Sechs? »Mami, ich habe eine Sechs plus bekommen in der Chemieschulaufgabe. Absolut super, mein Kind, eine Plus Sechs.« Dafür konnte man sich nichts kaufen. Fast schon zynisch.

Aber das half jetzt nichts. Lavinia wusste, dass sie die Prüfung irgendwie bestehen musste.

»Herr Mayer, darf ich bitte auf die Toilette gehen?«, fragte sie ihren Lehrer.

»Selbstverständlich, aber ohne die Schulaufgabe.« Lavinia stand auf, händigte ihm die Arbeit aus und verließ das Klassenzimmer. Nach einiger Zeit kehrte sie zurück, nahm ihre Prüfungsarbeit von Mayer entgegen und setzte sich wieder auf ihren Platz. Ihr Chemielehrer schaute sie komisch an, als wollte er wissen, warum der

Toilettengang so lange gedauert hatte. Aber das würde er sie niemals fragen, dürfte er nicht. Das war Privatsache.

In der nächsten Viertelstunde gingen ihr die Antworten leicht von der Hand und Lavinia wurde kurz vor Ende der Prüfungszeit fertig.

»Lest euch bitte eure Antworten nochmal durch, verschlimmbessert nichts, meistens ist die erste Antwort die richtige«, erklärte Mayer im Klassenzimmer. »So, jetzt alle den Stift weglegen. Ich sammle die Schulaufgaben ein.« Mayer stand auf und nahm sich die Chemieschulaufgaben von den Schülern der ersten Reihe, so machte er weiter, bis er die letzten eingesammelt hatte. Er setzte sich hin, zählte die Arbeiten und steckte sie in seine Aktentasche.

»Jetzt bekommt ihre eure Smartphones und -watches zurück«, verkündete er und begann die Schüler und Schülerinnen laut Klassenliste aufzurufen. Diese sprinteten nach vorne und nahmen ihre Mobilteile wieder entgegen.

»Eure Handys und ähnliches sind ausgeschaltet. Ihr könnt die Geräte einschalten, wenn ihr nach der sechsten Stunde das Schulgebäude verlasst. Bis dahin bleiben sie aus«, ermahnte Mayer.

Der Gong zur ersten Pause klingelte. Mayer packte seine Sachen zusammen und verließ das Klassenzimmer, um in Richtung Lehrerzimmer zu gehen.

»Na, wie ging's dir?«, wollte Melli von Lavinia wissen. Die unterdrückte ein Schmunzeln. »Gut, zuerst hatte ich Probleme bei den ersten zwei Fragen, dann lief die Sache. Müsste schon passen. Für eine Vier wird es reichen.«

»Bei mir war es ähnlich. Der Anfang eine Katastrophe, mit jeder Aufgabe wurde es besser. Komm, rennen wir zum Pausenverkauf. Heute gibt es wieder die leckeren Blaubeermuffins, die du so gerne magst«, sagte Melli.

»Super, eigentlich müsste ich auf die Toilette, aber weißt du was, ich komme mit«, antwortete Lavinia und die beiden rannten los, um zu sehen, wer die Erste beim Kiosk wäre.

Kurze Zeit später klingelte der Pausengong und alle steuerten wieder ihre Klassenzimmer an. Schließlich ertönte der zweite Gong, der den Beginn der dritten Unterrichtsstunde ankündigte. Sie hatten Deutsch bei ihrer Klassenleiterin, Frau Otter. Mit ihr kam Lavinia gut zurecht. Kurz nach dem zweiten Gong erschien sie zusammen mit Herrn Mayer im Zimmer. Was will denn der schon wieder, dachte sich Lavinia. Die Schulaufgabe war vorbei. Hatte er noch ein Schülerhandy in seinem Jutesack?

Frau Otter stand vor ihr. »Lavinia, begleitest du uns kurz ins Besprechungszimmer?«

Sie nickte mechanisch, ihr wurde auf einmal kotzübel. Ein Schwindelgefühl überkam sie. Mit Ach und Krach stand sie auf und ging vor zur Tafel, wo sie erwartet wurde.

»Ihr anderen macht bitte im Deutschbuch die Aufgaben auf Seite einundachtzig und zweiundachtzig, ich bin bald zurück.«

Lavinia verließ mit ihren Lehrern das Klassenzimmer. In der Nähe befand sich ein Zimmer, in dem die

Elterngespräche stattfanden, wenn sich jemand zu einem Einzeltermin angemeldet hatte.

Frau Otter öffnete die Tür und Herr Mayer sowie Lavinia betraten den Besprechungsraum. »Nehmt Platz«, sagte ihre Klassenlehrerin. Sie fuhr fort: »Früher wollte ich Kriminalkommissarin werden, denn einen untrüglichen Sinn für krumme Dinger hatte ich schon immer. Rudi, kannst du dich an den Fall erinnern, als ich einen Spickzettel auf einer Mineralwasserflasche entdeckte? Sah aus wie das Etikett der Firma.«

»Stimmt, Frau Kollegin, diese Art des Unterschleifs hat dem Schüler viel Arbeit bereitet«, unterbrach sie Mayer, »aber wir sind Pädagogen und keine Buchhalter.«

»Genau«, entgegnete Frau Otter. »Und nun zu dir, Lavinia.

»Weißt Du, warum Du hier bist?«

Lavinia zuckte mit den Schultern. »Keine Ahnung.«

Frau Otter holte einen Gegenstand aus ihrer Handtasche und legte ihn auf den Tisch: »Schau mal, Lavinia, was ich heute gefunden habe. Ein Prepaid Handy in einem leicht rosafarbenen Farbton. »Kannst Du uns zu diesem Handy etwas sagen, Lavinia?«

Die Schülerin wurde weiß, wie das Blatt Kopierpapier, das auf dem Tisch lag. »Das ist nicht meins?«, fauchte sie.

»Wirklich? Schau es dir genau an«, schlug Herr Mayer vor.

Lavinia unternahm keinen Versuch, sich das Handy genauer anzuschauen. Sie schaute aus dem Fenster, kaute ihren Kaugummi weiter. Machte große Bubbles. »Es ist deines, Lavinia, eindeutig«, unterbrach Frau Otter die Stille im Raum mit sanfter Stimme. »Schau«, sie drehte das Smartphone um und zeigte auf eine Adresse, die mit Filzstift geschrieben war. Lavinias Name.

Sie schluckte. »Wo haben Sie das gefunden?«

»In der Mädchentoilette. Ich bin kurz vor Pausenbeginn daran vorbei gegangen und hörte auf einmal einen Piepston. So wie es klingt, wenn eine SMS eingeht. Ich bin in den Raum hinein und ortete das Geräusch. Stell dir vor, dein Handy steckte in dem Körbchen mit den Damenhygieneartikeln.«

»Das ist nicht mein Handy, der Aufkleber ist gefaket.«

»Bist du dir sicher, Lavinia? Ich nahm es aus dem Korb, wobei das Display aufleuchtete. Da entdeckte ich eine Nachricht. Von deiner Mutter. Sie hat dir eine chemische Formel geschickt. Wahrscheinlich nicht die einzige. Ich habe nicht weiter geschaut, weil ich das nicht darf«, erklärte Frau Otter.

Lavinia schluckte erneut. Sie rutschte auf dem Stuhl hin und her.

»Deine Mutter ist Lebensmittelchemikerin, wie sie mir in der letzten Sprechstunde erzählt hat, oder? Diese Formel wäre falsch gewesen«, mischte sich Herr Mayer ein.

»Ach wirklich?« Sie merkte, dass ihre Verleugnungsstrategie nicht fruchtete.

»Ich würde sagen, Lavinia, dass du bei der Wahrheit bleibst«, insistierte Frau Otter.

»Ja«, knickte Lavinia ein, »es ist mein Handy. Ich hatte zwei dabei. Eines habe ich Ihnen, Herr Mayer, gegeben, das andere platzierte ich in dem Körbchen in der Mädchentoilette. Während der Prüfung bin ich raus. Ich habe mit meiner Mutter gechattet. Tut mir leid. Ich wollte das nicht. Jetzt ist alles aus, ich fliege von der Schule. Lande auf der Straße, es wird nie mehr was mit mir.«

Frau Otter und Herr Mayer wirkten sichtlich betroffen.

»Was machen wir denn mit dir?«, seufzte Frau Otter. »Wir müssen mit der Schulleitung sprechen und im Anschluss mit deiner Mutter. Sie wartet unten in der Aula. Ich habe sie informiert und sie ist sofort zur Schule hergefahren. Die Angelegenheit können wir nicht so ohne Weiteres unter den Tisch kehren. Unerlaubter Versuch, sich Hilfeleistungen mittels eines Smartphones zu organisieren. Das weißt du«, sagte Frau Otter. »Die Sache mit deinem Vater tut uns sehr leid. Dass dich das belastet, verstehen wir.«

Lavinia schwieg. Sie konnte nicht mehr reden in diesem Moment.

»Wir schauen, wie die Notenlage bei dir ist, und welche Möglichkeiten es gibt, dir wieder auf die Sprünge zu helfen. Unsere Schulpsychologin, Frau Beck, kann dich sicher unterstützen, für die Fächer Englisch und Mathe haben wir an der Schule Tutoren, die mit dir den Stoff wiederholen können. Wir finden vielleicht einen Lerncoach für dich. Ob es eine Ordnungsmaßnahme gibt, und wie Herr Mayer die Arbeit bewertet, können wir im Augenblick nicht sagen.«

»Wird schon wieder, Lavinia«, ergänzte Herr Mayer.

»Die Lockdowns haben natürlich auch dazu beigetragen, dass manche von euch Schwierigkeiten in der

Schule haben. Das wissen wir, aber gemeinsam bringen wir das wieder in Ordnung.«

Lavinia war nicht in der Lage zu antworten. Sie schaute ihre beiden Lehrer an. Ihre Mutter und sie hatten die Vorgehensweise besprochen und waren sicher, dass es funktionieren würde. Hätte ihre Mutter nicht eine neue Nachricht geschickt, und sie, Lavinia, vergessen, den Ton abzustellen. Da musste sie durch. Warum waren ihr die Blaubeermuffins wichtiger, als noch einmal auf die Toilette zu gehen, um das Handy in ihrem Rucksack verschwinden zu lassen?

»Es tut mir leid, ich war furchtbar verzweifelt, dass ich die Schulaufgabe und damit das Schuljahr nicht schaffe. Deswegen haben meine Mutter und ich uns abgesprochen, wie wir vorgehen«, entgegnete Lavinia. Ein paar Tränen kullerten über ihre Wangen.

Herr Mayer reichte ihr ein Taschentuch. »Die letzten fünf Aufgaben waren alle richtig, es wäre also nicht nötig gewesen, für die ersten Fragen deine Mutter zu involvieren. Eine Vier hätte es werden können, was dir gereicht hätte. Ich verstehe dein Dilemma«, sagte er und schob das Prepaid Handy zu Lavinia.«

»Danke, Herr Mayer«, mehr brachte sie nicht heraus, sie heulte erneut.

»Komm, deine Mutter wartet auf dich«, sagte Frau Otter. Gemeinsam standen sie auf und verließen das Besprechungszimmer. Als sie unten an der Treppe ankamen, stürzte sich Lavinias Mutter auf sie und umschlang ihre Tochter fest mit ihren Armen. Dann wandte sie sich an die Lehrkräfte.

»Ich muss mich entschuldigen, ich wollte meiner Tochter nur helfen. Seit dem Unfalltod meines Mannes, ist vieles anders geworden bei uns. Es ist alles meine Schuld.«

»Lass doch, Mama«, sagte Lavinia. »Passt schon.«

»Frau Seeberg, wir kümmern uns um Ihre Tochter. Es ist sicher nicht einfach für Sie beide«, sagte Frau Otter und drückte ihre Hand.

»Ja, das ist es«, offenbarte Lavinias Mutter.

»Jetzt beruhigen Sie sich, wir finden einen Weg«, erwiderte Herr Mayer. Dann verabschiedeten sich beide Lehrer und steuerten das Sekretariat an, um mit dem Chef zu sprechen.

»Die sollen das mal allein regeln. Ich kann mir vorstellen, dass der Verlust des Vaters und diese Pandemie erst verarbeitet werden müssen. Geben wir Lavinia doch eine Chance. Sie war immer eine gute Schülerin, bis auf die letzte Zeit, wie wir wissen«, sagte Frau Otter.

»Wenigstens ist Reue vorhanden, was ein gutes Zeichen ist«, befand Herr Mayer.

In der Aula hielt Lavinia sich an ihrer Mutter fest. Sie drückte ihr das pinkfarbene Prepaid Handy in die Hand.

»Nie wieder, kann ich nur sagen.«

»Ja, nie wieder.«

UNSCHULDIG

KAPITEL I

Er bemerkte nicht, dass er gefilmt wurde.

»Jetzt verstehe doch endlich!«

»Es ist nicht so, dass ich die Dinge mache, weil ich kriminell bin. Es ist nichts Schlimmes, was ich tue. Drogen zu verkaufen, verschafft mir Macht und Anerkennung. Immerhin gibt es Menschen, die wollen unbedingt von mir etwas haben. Es gibt Menschen, die tun etwas für mich. Ich meine, das ist nicht kriminell. Das ist ein Miteinander. Das ist zum Wohle aller Beteiligten. Ja, das ist es! Drogen zu verkaufen, tut allen gut.«

Er schielte zu ihr. Es kam keine Reaktion.

»Und wenn die Leute nett zu mir sind. Also, wenn es meine Freunde sind. Dann kriegen sie einen günstigeren Preis. Dann ist es ein Geben und Nehmen.«

Er blickte aus dem Fenster.

»Das ist alles eine Frage der Interpretation. Es ist verdammt harte Arbeit. Die ganze Zeit muss ich anti sein. Ich muss cool sein, weil sonst nimmt mich ja keiner ernst. Sonst denken die, der bereichert sich ja an mir. Pfh! Mit den Drogen, das ist für den nur ein Geschäft. Und ich sage ganz klar: Drogen verkauf ich nicht fürs Geld. Ich meine, ich kriege Geld dafür. Aber …«

Ihm gefiel der Gedanke immer mehr.

»Ja, Drogen verkauf ich für uns alle. Ich meine, ich muss das ja auch bezahlen und ich muss die Kontakte pflegen. Damit ich da was kriege.«

»Jetzt sag doch endlich was.«

»Das verstehst du doch, oder? Kannst du eigentlich

mal was anderes tun, als mich nur anzustarren? Es war doch keine Absicht. Wirklich nicht. Ich meine, unser Urlaub auf Gran Canaria war wunderschön. Was kann ich dafür, dass das kanarische Militär die Bruchbude neben unserer Finca hochnimmt? Ich wusste nicht, dass das ein Drogenlabor war.«

Er zögerte.

»Na ja, kann schon sein. Der Kumpel, den wir auf der Fähre von Teneriffa nach La Palma kennengelernt haben, hat so was angedeutet. Aber das war nicht der Grund, warum ich die Finca in Tasarte gebucht habe. Als er erzählte, wie herrlich ruhig es da sei, fand ich es toll mit dir dort abzuhängen. Außerdem hat uns der Typ dahin mitgenommen. Von allein wären wir nie hingekommen. Zehn Kilometer weg vom nächsten Ort. Das macht so einer nicht umsonst. Eine Hand wäscht eben die andere. So läuft die Welt.«

Schwärmerisch sah er an die Decke.

»Du warst so schön. Wie du im Bikini ins Meer gesprungen bist. Trotz der hohen Wellen. Ich hatte mich das nicht getraut. Aber der Pool in der Finca, der war auch cool. Und der Sex hinter…«

Die Aufnahme wurde gestoppt.

KAPITEL II

»Stillgestanden! Autoschlüssel fallen lassen!«

»Bewahre die Nerven«, sagte sie sich als der Schlüssel klirrend auf den Boden der dunklen Parkgarage fiel.

»Hände hoch! Und jetzt ganz langsam umdrehen!« Die Angst kroch ihr in den Nacken. Durch die Nachtsichtbrille sah sie, dass er sich bewegte. »Stopp!« Der Hall der leeren Garage kam wie ein Echo zurück. »Wenn du noch einmal meine Befehle missachtest, durchlöchere ich dich mit der Walther, Kaliber 22, die ich in der Hand halte. Zwölf Schuss. Eine Kugel trifft dich garantiert. Haben wir uns verstanden?«

Keine Reaktion.

»Ob wir uns verstanden haben, habe ich gefragt?«, zischte sie gefährlich leise.

»Ja«, kam die zittrige Antwort durch die Dunkelheit.

»Gut, also tu, was ich dir sage! Zeit für Licht, denke ich mal.« Stundenlang hatte sie geübt die Taschenlampe mit einer Hand anzuknipsen, mit der Waffe in der anderen Hand. Der Strahl der LED-Lampe traf ihn direkt in das Gesicht. Reflexartig hob er die Hände, um sich vor dem Lichtstrahl zu schützen.

»Hände hoch, habe ich gesagt«, bellte sie ihn an.

»Wer sind Sie? Was wollen Sie? Sie müssen mich verwechseln.« Er versuchte zu lächeln. Aber die Angst verzerrte sein Gesicht zu einer Fratze.

»Ich will es verstehen!«

»Was denn? Ich hab doch nichts getan.«

»Denk mal nach. Erkennst du meine Stimme nicht?«

»Nina, bist du es Nina?« Erleichterung machte sich in ihm breit. »Jetzt hast du mir aber einen Schrecken eingejagt. Ich bin's, Flo.« Mit einem gewinnenden Lächeln trat er einen Schritt auf sie zu. »War bestimmt ein Fake mit der Pistole, nicht wahr?«

»Du hast es einfach noch nicht kapiert, oder?«, entgegnete sie scharf. »Wir befinden uns in einer leeren Garage, die saniert wird. Es ist Wochenende. Kein Mensch hört uns. Hast wohl gemeint, bemerkt keiner, wenn du hier parkst«, verhöhnte sie ihn. »Bei mir kommst du mit deinem Sonnyboygeplappere nicht weiter. Und damit du es endlich kapierst. KEIN FAKE.«

»Mensch, ich finde es ja auch schlimm, was passiert ist. Wo ich niemandem etwas zu leide tun möchte.«

»Knie dich ganz langsam auf den Boden, Freundchen.«

»Aber Nina …«

»Ich hab's satt, dass ihr Typen mich nicht ernst nehmt!« Sie schoss. Die Kugel zerbarst die Fensterscheibe zur Rücksitzbank. Glassplitter rieselten auf Flo. Schützend hielt er sich die Arme über dem Kopf.

»Hast du es immer noch nicht kapiert? Ich meine es ernst. Also knie dich hin. Die Hände hinter den Nacken. Oder soll ich diesmal direkt auf dich zielen?«

»Mensch, Nina, sei mir nicht böse, aber das ist doch verrückt.«

»Runter mit dir.« Sie justierte die Taschenlampe und die Waffe in Richtung seines Kopfes. »So ist es brav. Wage ja nicht aufzustehen. Erkläre mir, was hier verrückt ist. Machen wir doch mal eine Art Interview. Warum tust du das?«

»Was meinst du denn?« Sein Gesicht erhellte sich. »Ach, du meinst das mit den Drogen? Hättest du doch gleich fragen können. Das ist doch nicht so schlimm. Ist doch nur Gras und hin und wieder ein paar Pillen. Mensch,

Nina, du warst als Jugendliche doch auch kein Kind von Traurigkeit.«

»Aber ich habe mit siebzehn Jahren nicht an meiner Schule gedealt.«

»Naja, bei der einen bin ich ja auch rausgeworfen worden. Die haben nicht verstanden, wie sozial wertvoll mein Handeln ist. Das andere Gymnasium hat mich aufgenommen. Da mache ich das Abitur. Wirst du sehen. Alles wird gut.«

»Alles wird gut? Sag mal, spinnst du? Du förderst Suchtverhalten. Du zerstörst Menschenleben, ganze Familien. Und die, die dich lieben, reißt du mit ins Verderben.«

»Ja, aber versteh doch, Nina. Wenn jemand einen Schnapsladen hat, ist das in Ordnung. Weißt du wieviel Alkoholiker es in diesem Land gibt? Aber da verdient der Staat mit. Er kassiert massig Vergnügungssteuer und das Gesundheitswesen verdient sich dumm und dämlich an den kranken Alkoholikern. Wir dröhnen uns doch nur mit ein bisschen Speed und so zu. Was ist nun schlimmer?«

»Lenk nicht vom Thema ab.«

»Aber Nina, wenn wir einen Bubatz, also einen Joint rauchen, tun wir keinem was damit zuleide. Aber wie viel aggressive Alkoholiker gibt es?«

»Du bist also völlig unschuldig? Und alles ist bestens.«
»Nun, ja, nein. Schau mal. Ecstasy ist keine neue De-signerdroge. Es gibt sie schon seit 1912. Ein deutscher Pharmakonzern hat den Wirkstoff entwickelt. Sie nann-ten sie: die Pille gegen die Traurigkeit und haben sie

patentieren lassen. Wenn, dann sind die schuld …«
Weiter kam Flo nicht.

Hasserfüllt feuerte sie einen Schuss ab. Er streifte das Dach. »Hör endlich auf, so hirnverbrannten Quatsch zu labern. Erzähl endlich, was wirklich passiert ist.«

»Mensch, Nina, wenn du weiter so rumballerst, dann fliegt das Auto noch in die Luft. Du gefährdest uns beide.«

»Das fändest du nicht toll, oder? Der Polizei hast du gesagt, dass du keine Ahnung hast. Aber ich glaube dir nicht.«

»Sorry, aber du bist ja total durchgeknallt. Jetzt beruhige dich doch bitte. Ich kann alles erklären.«

»Das rate ich dir auch. Und zwar auf der Stelle.«

»Nina, Kathy wollte einfach mal glücklich sein. Der ganze Druck in ihrem Leben, ihre Vergangenheit. Das war einfach zu viel.«

»Und da hast du ihr die Drogen gegeben?«

»Nein, ich habe ihr nichts gegeben. Wirklich nicht.«

»Okay, ich zähle jetzt bis drei und wenn du nicht auf der Stelle die Wahrheit sagst, schieße ich das ganze Magazin leer, noch zehn Schuss. Auf dich gerichtet. Und glaub mir, es ist mir egal, ob wir beide in die Luft fliegen.«

»Ich kann doch nichts dazu sagen.«

»Eins.« »Zwei.« Nina trat einen Schritt auf Flo zu. »Komm, schau mich an, ich will dir in die Augen sehen, wenn ich dich erschieße.«

»Nina, bitte«, schluchzte Flo.

KAPITEL III

Das Licht der Tiefgarage leuchtete grell auf. Erschrocken ließ Nina die Taschenlampe fallen. Die Pistole hielt sie weiterhin fest auf Flo gerichtet.

Ein Mann trat zu ihr. »Ruhig, Nina. Verrenn dich nicht!«

»Max, was machst du hier?«

»Ich habe dich gesehen, als du schießen geübt hast.«

»Wie geht es ihr?«

Er schwieg.

»Max, wie es ihr geht, habe ich gefragt«, erkundigte sie sich eine Spur lauter.

Er schüttelte den Kopf. »Sie hat es nicht geschafft, Liebes.«

Nina presste die linke Faust auf den Mund und biss mit den Zähnen fest hinein. Der Handrücken blutete. Sie bemerkte den Schmerz nicht.

»Nein.« Die Schreie, die nun folgten, peitschten durch die Stille, hallten in der fast leeren Parkgarage wider. »Nein, nein.« Flo sank in sich zusammen. »Das wollte ich nicht, das wollte ich wirklich nicht. Immer mache ich alles kaputt. Ich hab sie doch geliebt.«

»Du Schwein, du bist schuld.« Nina stürzte auf ihn zu. Zitternd hob sie die Pistole hoch und hielt sie an die Schläfe von Flo.

Er flehte sie an: »Bitte nicht. Ich habe sie doch so geliebt. Es war keine Absicht. Bitte lasst uns zusammen um sie trauern.«

»Du Arschloch, du wusstest, dass sie hochgradige Diabetikerin ist. Nur, weil sie dich geliebt hat, hat sie das mit den Drogen akzeptiert.«

»Bitte Nina, glaube mir. Als die Polizei das Haus in Tasarte stürmte, musste ich das Ecstasy verstecken.«

Max trat neben seine Frau. Ungläubig fragte er Flo: »Aber das sind Pillen, wieso hat Kathy sie genommen?«

»Keine Pillen, Ecstasypulver für ne Molly. Das kann man sniefen.«

Max schluckte. »Und das hast du in das Traubenzuckerpulver von Kathy gegeben?«

»Ja, das war ein geniales Versteck. Die Bullen haben es gar nicht gemerkt.«

»Kathy hat den Traubenzucker gebraucht!« Nur mühsam konnte sich Max beherrschen, Flo nicht zusammenzuschlagen.

»Woher sollte ich denn wissen, dass sie so heftigen Unterzucker bekommt, vor lauter Aufregung.«

Endlich begriff Nina. »Deshalb hat sie die Drogen genommen. Sie dachte, sie nimmt Traubenzucker gegen ihren diabetischen Schock.«

Flo versuchte sich vorsichtig zu erheben. »Ja, bitte verzeiht mir. Es tut mir so leid. Sie wusste nicht, dass die Drogen da drin waren.«

»Bleib unten, so leicht kommst du nicht davon«, herrschte Nina ihn an. Aufrecht stellte sie sich neben ihn. Die Hand, die den Griff der Pistole umschloss, zitterte nicht mehr.

Sanft berührte Max sie. »Nina, nicht. Lass es gut sein. Das bringt sie uns nicht zurück.«

Tränen liefen über Ninas Gesicht. »Er muss es büßen! Mit seinen siebzehn Jahren kommt er nur vor die Jugendkammer beim Landgericht und in die Jugendanstalt und dann kommt er wieder raus und hat ein schönes Leben. Aber, Max, sie ist tot! Sie hat kein Leben mehr.«

»Ich weiß, Liebes. Ich weiß. Gib sie mir. Gib mir die Pistole, bitte.«

Verzweifelt sah sie ihn an. »Versteh doch, ich kann nicht. Ich kann ihn nicht einfach laufen lassen.«

»Ja, Liebes, dass weiß ich. Du hast so viel für sie getan. Der hier«, er deutete auf Flo, »der ist meine Aufgabe. Geh zu ihr in die Klinik. Die Stationsschwester wartet auf dich. Wenn du keinen Abschied von ihr nimmst, wirst du dir das niemals verzeihen.«

Sie rührte sich nicht.

»Bitte, Liebes, gib mir die Pistole und geh. Schau nicht zurück.«

Zärtlich nahm er ihr die Pistole aus der Hand und richtete sie auf Flo. Eine Spur nachdrücklicher sagte er: »Geh jetzt!«

Nina blickte von Max zu Flo und zur Pistole. Im Grunde ihres Herzens nahm sie nichts mehr wahr. Sie nickte leicht mit dem Kopf und drehte sich um. Wie ferngesteuert begab sie sich in Richtung Ausgang.

»Nein, Nina, bleib«, rief Flo hinter ihr her.

Die Worte verhallten unbeachtet.

Sie zuckte zusammen, als ein Schuss die Stille durchbrach. Nina ging schneller. Ein zweiter Schuss ertönte. Sie fing an zu laufen. Sie lief und lief, bis sie das Krankenhaus erreicht hatte, indem ihre Tochter gestorben war.

KELLY SLATER

Helene wieder! Sah aus wie frisch vom Cover eines Hochglanz-Gartenmagazins mit ihrem luftigen Sommerkleid in Pastell und dem albernen Strohhut. Sie trug Handschuhe mit Blümchenmuster, eine Gartenschere mit rosaroten Griffen und einen kleinen Korb. Sandra stopfte die robusten grün-grauen Handschuhe in die Tasche ihrer alten Jogginghose und rieb sich den Rücken. Meine Güte, welche ernstzunehmende Schrebergärtnerin trug, schon Gartenhandschuhe mit Blümchen! Die taugten nicht, boten kaum Schutz und waren ruckzuck durch. Sie betrachtete ihre Fingernägel. Gegen den Gartendreck darunter kamen allerdings auch solide Handschuhe nicht an, das stand schon mal fest.

Da flötete schon Helenes Stimme aus dem Garten gegenüber: »Guten Morgen!«

Sie sah auf und wollte den Gruß über die Hecken eben erwidern, als sie erkannte, dass er nicht ihr galt, sondern dem alten Herrn Müller, dem Nachbarn zu ihrer Rechten.

»Ah, die schöne Helena!«, schmeichelte der Alte. »So frisch wie der junge Morgen!«

Wenn das der junge Morgen war, wollte Sandra den späten Abend nicht erleben! Helene würde ihren Vierzigsten kein zweites Mal feiern. Dennoch nahm die Nachbarin das Kompliment dankend entgegen, ohne es abzuwehren oder wenigstens abzuschwächen, wie es sich gehört hätte. Sandra schnaubte entrüstet.

Zwei Augenpaare wandten sich ihr zu. »Grüß dich,

Sandra! Hab dich gar nicht gesehen«, rief Frau Coverbild munter.

Und ein schlichtes »Servus Nachbarin!« folgte von Herrn Müller, ohne auch nur den Hauch eines Kompliments.

»Ich habe gejätet«, erklärte Sandra. Nicht, dass die noch meinten, sie würde sich hinter der Hecke verstecken, um zu lauschen.

»Nach dem Regen sprießt das Unkraut … ja, wie Unkraut eben«, bemerkte Helene und lachte, als wäre das ein gelungener Scherz.

Herr Müller lachte ebenfalls. »Das kann man wohl sagen.«

»Ich komm kaum mit der Arbeit hinterher.« Als wäre das Arbeit, die paar Hälmchen von dem noblen Hochbeet zu zupfen, das sich Helene geleistet hatte. So groß wie ein Minipool und ähnlich teuer.

»Dein Garten ist tipp-topp in Schuss, da fehlt doch gar nichts.« Süßholz zu raspeln schien Herrn Müllers liebste Gartenarbeit zu sein. »Ganz charmant. Noch dazu mit dem neuen Gartenzwerg!«

Wenn so ein tipptopper Garten aussah, fand Sandra, dann war der Kinderspielplatz hinter der Kleingartenanlage nichts weniger als Disneyland. Helene bewies guten Geschmack bei ihrer Kleidung, das musste man ihr lassen. Doch die Deko-Gegenstände, mit denen sie ihren Garten vollstellte, waren eine Herausforderung für jedes ästhetische Empfinden: ein händchenhaltendes Zwergenpärchen im Birnbaum, ein Zwerg mit Sonnenbrille im Miniaturliegestuhl unter der Hortensie. Den

Vogel schoss allerdings der Neuzugang ab: ein Surfer in Hawaiihemd mit Board und Cocktail. Für den hatte Helene Sand neben ihrem kleinen Teich aufgeschüttet und eine Yuccapalme im Kübel aufgestellt. Das war so niedlich, dass Sandra Mühe hatte, ihr Frühstück unten zu behalten.

Sie sagte knapp: »Ich mach dann mal weiter«, sank wieder auf die Knie und reagierte sich am Unkraut ab.

Helene und Herr Müller tauchten noch ein paar Belanglosigkeiten aus, dann war Stille. Nach einem weiteren halben Stündchen stand Sandra mit schmerzendem Rücken auf. Genug gejätet für ein Wochenende, beschloss sie. Schließlich sollte der Garten einen Ausgleich für ihren hektischen Job darstellen. Doch wenn sie nicht bald mal alle Fünfe gerade sein ließ, wurde er noch zu einer weiteren Baustelle, auf der sie sich verausgabte. Es stimmte schon, was ihre Leute sagten: Sie konnte sich in einer Sache so verbeißen wie ein kurzsichtiger Hai in einem Surfbrett. Versiert räumte sie ihre Werkzeuge auf, schloss alles ab und verließ den Garten. Auf dem Kiesweg davor stach ihr ein Rechteck in blassem Altrosa ins Auge: ein altes Sony Ericsson, das genau in Helenes Farbschema passte. Sie hob es auf. So eins hatte sie schon lange nicht mehr gesehen. Wahrscheinlich war es der schönen Gärtnerin auf dem Heimweg aus dem Körbchen gesprungen. Ganz schön nachlässig.

Zum Abendessen bestellte sie Sushi.

»Schon wieder?«, maulte Peter, der aktuelle Mann in ihrem Leben. Für einen Übernachtungsgast nörgelte er reichlich.

»Die Küche steht dir jederzeit zur Verfügung«, entgegnete Sandra spitz.

»Wenn ich hier wohnen würde und die Küche tatsächlich jederzeit nützen könnte ...«, brachte er das immer gleiche Thema zur Sprache. Er wollte einziehen, aber ihr eilte es nicht damit. Manchmal fragte sie sich wirklich, ob es ihre schöne Wohnung war, die sie für Peter attraktiv machte. In der Großstadt nahm man für guten Wohnraum einiges in Kauf – vielleicht sogar eine arbeitswütige, anspruchsvolle Geschiedene mit Anhang. Doch wozu sollte sie ein weiteres männliches Wesen in ihre Räume lassen, dem sie dann hinterherputzen musste?

»Neues Handy?«, fragte Felix. Er war meistens unterwegs, weil es mit vierzehn Jahren überall anderswo spannender war als daheim. Jetzt aber hatte er wie aufs Stichwort die große Wohnküche betreten. Er schnappte sich das Sony vom Küchentisch und daddelte darauf herum.

»Servus, mein Erstgeborener«, sagte sie und wuschelte ihm durch die Haare, was er mit einem unwilligen Knurren quittierte. So nannte sie ihn immer noch, obwohl nach der Scheidung vor etlichen Jahren schnell klar wurde, dass er ihr Einziger bleiben würde. Technische Geräte waren sein Liebstes. Er hatte ihr vor Kurzem geholfen, die Ortungsfunktion ihres Handys auszuschalten und ihren Anrufern individuelle Klingeltöne zuzuordnen.

»Hat eine Gartennachbarin verlegt«, antwortete sie.

»Prepaid«, kommentierte Felix und hatte schon

das Interesse verloren.

»Woran siehst du das?«

»Sternchen und 100 und Hashtag tippen, dann An-
ruftaste. Knapp sieben Euro Guthaben.«

»Keine Tastensperre?«, wollte sie wissen.

»1-2-3-4«, feixte Felix, schnappte sich eine der Sushi-
Boxen und zog ab.

»Welche Nachbarin?«, erkundigte sich Peter kauend.
»Die hübsche Neue?«

»So neu auch wieder nicht«, entgegnete Sandra.
»Schon seit gut einem Jahr in der Anlage. Weißt du
doch!« Und fügte in Gedanken hinzu: … und so hübsch
auch nicht.

»Ich verstehe gar nicht, warum ihr euch nicht miteinander anfreundet«, fuhr Peter wenig einfühlsam
fort. »Wo ihr doch beide im gleichen Alter seid, beide
Hobbygärtnerinnen, beide alleinstehend.«

»Wie bitte?« Sie starrte ihn verblüfft an.

»Unverheiratet meine ich. Natürlich nicht alleinstehend. Du hast ja mich.« Sprach's und schob sich ein
weiteres Maki in den Mund.

Als Sandra spät am nächsten Vormittag in ihren Garten
kam, war von Helene nichts zu sehen. Wahrscheinlich
schlief sie am Sonntag aus, während es Sandra nie lange
im Bett hielt. Ob sie ihr das Handy einfach unter die
Palme zum Surfer-Gartenzwerg legen sollte? Der alte
Herr Müller unterbrach ihre Gedanken und winkte sie zu
sich. »Du kommst ja wie gerufen, Nachbarin.« Sie half
ihm, den Inhalt eines Plastiksacks mit Rindenmulch auf

drei große Eimer zu verteilen. »Mir sind diese Packen inzwischen zu schwer. Bin ja auch schon siebzig«, klagte der Alte. Er deutete mit dem Kinn zu Helenes Garten: »So jung müsste man halt nochmal sein, dann ginge es leichter von der Hand.«

»Helene ist älter als ich«, entgegnete Sandra pikiert.

»Tatsächlich?« Herr Müller musterte sie fast schon beleidigend lang, fand sie, bevor er sich bedankte.

Sandra bemerkte erst später im eigenen Garten, dass Helenes Handy noch in ihrer Hosentasche steckte. Nachdenklich nahm sie es in die Hand. 1-2-3-4, und das Sony stand ihr zur Verfügung. Es war keine einzige SMS gespeichert, kein Anruf, keine Nummer. Wofür brauchte Helene eigentlich so ein anonymes Ding?

Und dann überkam es Sandra einfach. Sie bestellte beim Wirt in der Anlage per SMS eine Pizza und eine Flasche Chianti. Er möge doch beides bitte zu Helenes Garten bringen und beim Gartentürchen abstellen, und den Betrag solle er auf Helenes Rechnung setzen. Und dann tippte sie den Namen der Nachbarin darunter. Das war ganz einfach.

Als Helene eine knappe Stunde später auftauchte, spülte Sandra gerade den letzten Bissen der Käsefäden ziehenden Regina mit einem Schluck Rotwein hinunter. Die Nachbarin trug heute eine weite Jeans-Latzhose, deren einer Träger lässig über ihre Schulter rutschte. Hellrosa Top darunter und einen Hippie-Klunker um den Hals, Gartenbarbie pur. Wer's nötig hat ... Sandra nahm einen weiteren Schluck.

»Wie ich sehe, genießt du den Sonntag ohne Familie«,

rief Helene zu ihr herüber. »Sehr vernünftig, dir eine kleine Auszeit zu gönnen.«

Von wegen »gönnen«. Weder Felix noch Peter ließen sich überreden, sie in den Garten zu begleiten. Beide tauchten höchstens auf, wenn gegrillt wurde. Die Herren der Schöpfung drehten dann ein bisschen Fleisch und ein paar Würstchen auf dem Grill hin und her und machten eine große Show daraus. Alles andere blieb allein an ihr hängen. Jeder im Garten wusste das. Helene wusste das auch.

»Und du feierst im Kreis deiner Zwergenfamilie?«, konterte Sandra deshalb bissig.

Die Nachbarin lachte nur. »Nachher kommen noch ein paar Freunde!« Sie trat an die Hecke. »Nur ein kleiner Umtrunk, Kaffee und Prosecco. Vielleicht magst du auch dazukommen?«

Sandra schüttelte reflexhaft den Kopf und merkte im selben Moment, wie unhöflich diese schnelle Reaktion war. Deshalb improvisierte sie: »Leider muss ich gleich weiter, ich bin verabredet.«

»Schade!« Helene wandte sich ab.

Mist! Jetzt hatte Frau Coverbild es tatsächlich geschafft, sie am heiligen Sonntag aus ihrem eigenen Garten zu vertreiben. Missmutig packte Sandra die Reste ihres kostenlosen Mittagessens weg und räumte das Feld. Im Aushangkasten beim Haupteingang suchte sie nach der Nummer des Lieferanten, der sämtliche Gärten in der Anlage mit Erde versorgte. Dann tippte sie wieder eine SMS auf dem Sony. Diesmal bat sie um die Zustellung von zwei Dutzend Säcken mit Universalerde in Helenes

Garten – gegen Rechnung, wie üblich. Ein kleiner Ausgleich für den verdorbenen Sonntag im Garten.

Drei Tage später. Als Sandra nach Feierabend im Garten vorbeischaute, war ihre Nachbarschaft ins Gespräch vertieft. »Das kriege ich im Herbst schon alles unter, so schnell, wie die Füllung im Hochbeet absinkt«, erklärte Helene gerade Herrn Müller, der bei ihr im Garten stand. Für die unerwartete Lieferung von fast einem Kubikmeter Erde war das eine erstaunlich gelassene Reaktion.

Das prickelnde Gefühl der Schadenfreude schwand. Stattdessen kam sich Sandra dumm und kleinlich vor. Als Wiedergutmachung für ihren lächerlichen Streich würde sie die Nachbarin auf eine Pizza einladen und ihr das dämliche Handy zurückgeben, und alles wäre wieder gut. Doch als sie an die Hecke trat, sah sie, wie Herr Müller Helene dabei half, die zwölf enormen Säcke mit Erde im Schuppen zu verstauen. War ihm nicht erst vor Kurzem ein halb so großer Sack zu schwer gewesen, sodass sie mit anpacken musste? Sandra machte auf dem Absatz kehrt und ging in ihre Laube, wo sie sich einen Espresso kochte. In ihrem Innern kochte es ebenfalls. Manche Frauen helfen, und anderen wird geholfen, dachte sie. Manche stemmen alles allein, den Job, das verwöhnte Einzelkind, den Garten neben der Arbeit - und anderen wird auch der kleinste Handgriff abgenommen. Das Leben war einfach nicht fair.

Mit dem Kaffee in der Hand ging sie wieder nach draußen. Die beiden im Nachbargarten hatten inzwischen Unterstützung bekommen. Ihre Kinnlade klappte herunter, als sie Peter erkannte. Da wuchtete doch tatsächlich ihr Kerl die Säcke für die Gartenbarbie, während die ihn bewundernd anblickte. Derselbe Kerl, der sich für Arbeiten in ihrem Garten generell zu schade war.

»Servus Schatz, ich wollte dich eben überraschen!«, rief er fröhlich zu ihr herüber. »Und bin gerade rechtzeitig gekommen, um deiner Nachbarin zur Hand zu gehen.«

»Er ist wirklich ein Gentleman«, schwärmte Helene und berührte ihn am Arm - ein bisschen zu vertraut für Sandras Geschmack. Sie stürzte ihren Espresso auf ex hinunter und verbrannte sich die Zunge. Ihr Blick fiel auf Helenes Surfer-Zwerg, und ihr kam eine Idee.

Am nächsten Abend herrschte helle Aufregung im Garten. Helene, Herr Müller, der Platzwart und der zweite Vorsitzende der Anlage standen um die kleine Sandoase herum, auf der gestern noch der Surfer-Gnom in die Welt gelächelt hatte. Jetzt war sie leer.

»Ich fass es nicht! Die haben deinen Zwerg geklaut«, sagte Sandra und gesellte sich zum Grüppchen. Wenn schon.

»Kelly Slater wurde entführt!«, rief Helene. »Ich habe gestern Nacht eine SMS von diesem Verbrecher bekommen. Ich soll bloß ruhig sein, sonst würde ich ihn in kleinen Stücken zurückbekommen.«

Sie hatte dem Gnomen tatsächlich einen Namen gegeben. »Gehst du zur Polizei?«, fragte Sandra.

Die Nachbarin schüttelte energisch die Locken. »Ich riskiere nichts. Und selbst wenn? Ist doch nur ein Gartenzwerg, würden die sagen. Um solche Bagatellen kümmern die sich nicht.«

»Dabei hat Kelly einen hohen emotionalen Wert«, erklärte Herr Müller. »Helene hat ihn von ihrem Vater, der vor zwei Jahren verstorben ist.«

»Er hat mich an unseren letzten gemeinsamen Urlaub erinnert«, schniefte Helene.

»Auf Hawaii?«, fragte Sandra.

»Am Gardasee.«

Sandra spürte den Anflug eines schlechten Gewissens.

Doch dann tupfte sich Helene mit großer Geste die Tränen aus den Augenwinkeln, und die anwesenden Herren überschlugen sich fast, sie zu trösten.

»Wer würde dir denn so etwas antun wollen, Helene. Alle hier lieben dich!«, posaunte Herr Müller.

Der Platzwart fügte hinzu: »Wenn wir dieses Schwein erwischen, dann …«

Und der zweite Vorsitz ging sogar so weit, seinen haarigen Arm um Helenes Schultern zu legen und zu raunen: »Wir sind immer für dich da.«

Sandra hatte sich zu ihrer Zeit auch nicht über mangelnde männliche Aufmerksamkeit beklagen müssen. Aber sie war sich sicher, dass sie die nicht provoziert hatte, indem sie das hilflose Weibchen markierte. Kelly Slater würde noch ein wenig länger in seinem Versteck ausharren müssen.

Zwei Tage später schickte Sandra die nächste SMS

auf dem Sony: »Wenn du den Zwerg wiedersehen willst, kostet dich das etwas.« Ihr Weiberstammtisch war heute ausgefallen, und sie saß bei einem Gläschen Wein im Garten. Was sollte sie von Helene verlangen? Vielleicht fünfhundert Euro, die sie an eine wohltätige Organisation spenden sollte? Dass sie ihre gesamte Zwergenmannschaft aus dem Garten räumte? Oder vielleicht sogar, dass sie die Blüten ihrer geliebten Duftrose Gräfin Diana abschnitt?

Als ihre Gedanken so weit gediehen waren, fiel ihr das Glas aus der Hand und zerschellte am Boden. Sie betrachtete fasziniert, wie sich sein Inhalt, dramatisch wie Blut, auf den Fliesen der kleinen Terrasse neben ihrer Laube verteilte. Was war da in sie gefahren? Wie war sie in diesen dunklen Abgründen gelandet, mit denen sie nichts zu tun haben wollte? Sie war doch nicht wirklich gemein, missgünstig und gehässig. Bevor dieser Scherz noch bizarre Blüten trieb, würde sie ihn abbrechen und den Zwerg zurückbringen. Das rosafarbene Prepaidhandy, die Wurzel allen Übels, würde sie gleich morgen beim Gartenvorstand abgeben. Als sie es auf dem Tisch in der Laube legte, fühlte sie sich wie von einem Gewicht befreit. Sie ging zu Fuß nach Hause, um dieses Gefühl in aller Ruhe zu genießen.

Daheim hatte sie kaum die Tür aufgeschlossen, als sie Geräusche aus dem Schlafzimmer hörte. Felix konnte das nicht sein; die Nächte ihres Stammtisches verbrachte er immer bei seinem besten Freund. Wollte Peter sie etwa wieder überraschen – mitten in der Woche, an einem

Tag, an dem sie üblicherweise lange unterwegs war? Was sie hinter der Schlafzimmertür erwartete, war in der Tat eine Überraschung von Peter. Und nicht nur von ihm: Gartenbarbie war auch mit dabei.

»Was macht die denn hier?«, kreischte Helene und zog sich die Decke über die blanken Brüste. Und Peter schrie, nicht minder schrill: »Du warst doch noch vor fünf Minuten im Garten!«

»Offensichtlich nicht«, entgegnete Sandra, der nach diesem Schlag in die Magengrube, schwindelig wurde. Mit windelweichen Knien setzte sie sich in den Chesterfield-Sessel neben dem Bett und versuchte, sich zu sortieren.

»Woher weißt du überhaupt, dass ich heute im Garten und nicht beim Stammtisch war?«, fragte sie schließlich Peter.

»Was soll denn das werden?«, plärrte Helene. »Du willst doch jetzt nicht ernsthaft hier sitzen bleiben?« Sie versuchte, an ihre Wäsche zu gelangen, ohne die Decke loszulassen. Es gelang ihr nicht.

»Sei still!«, herrschte Peter sie an. »Sandra, ich kann dir alles erklären.« Er schlüpfte hektisch in seine Boxershorts, kam ins Straucheln und fiel zurück aufs Bett, seine wertvollsten Teile entblößt.

»Das Prepaidhandy ist von dir, Peter«, folgerte Sandra, selbst überrascht davon, wie ruhig sie war. »Mit Ortungsfunktion, die ich auf meinem Handy nicht habe. Damit du dich jederzeit ungehindert mit ihr treffen kannst, weil du ja weißt, wo ich gerade bin.«

»Aber ich habe doch ...« Peter hatte endlich seine Boxershorts hochgezogen.

»Was für ein Handy?«, unterbrach ihn Helene.

»Halt endlich die Klappe!«

»Das Handy, das er mir untergejubelt hat. Von dem aus ich dir die Erpesser-SMS geschickt habe. Hat er dir nicht verraten, dass er die ganze Zeit über wusste, wer deinen Gnom gemopst hat?«, beantwortete stattdessen Sandra ihre Frage.

»Wie konntest du nur, Peter!« Helene schossen Tränen der Empörung aus den Augen. »Es tut mir so leid, Sandra! Er hat mir versichert, dass zwischen euch nichts mehr läuft und dass ihr euch trennen werdet.«

»Da hat er auch Recht, mit uns ist es aus.« Sandra wurde von einer Welle der Erleichterung geflutet und genoss es, darauf zu surfen. So frei wie Kelly Slater. Sie wandte sich an Peter. »Du hast genau fünf Minuten, um aus meiner Wohnung und meinem Leben zu verschwinden.« Und zu Helene sagte sie: »Wir haben wirklich mehr gemeinsam, als ich dachte. Morgen bekommst du Kelly Slater zurück.«

Helene nickte. »Sorry nochmal, Sandra. Ich wollte nicht ...«

Sandra winkte ab: »Schon gut. Glaub mir, mit dem Gartengnom bist du besser dran als mit dem Kerl hier.«

AUS SCHWARZ MACH WEISS

»Nein, ich will das nicht. Die Jugendliche wiederholte die Worte wie ein Mantra. Behutsam bückte die Sozialpädagogin sich zu ihr hinunter.

Als sie sich auf Augenhöhe zu der verzweifelten jungen Frau befand, sprach sie sie behutsam an. »Hallo, ich bin Sarah. Sie müssen jetzt nicht mit mir reden. Aber ich mache mir Sorgen. Ihr Oberteil ist voll von Blut. Sind Sie verletzt?«

Die junge Frau schaukelte leicht hin und her. Mit angezogenen Beinen, die Ellenbogen auf die Knie gestellt, bedeckte sie sich das Gesicht mit ihren Händen. »Nein, ich will das nicht.«

Nach einer Weile stand Sarah resigniert auf. Ihre Kollegin Alexandra trat zu ihr. »Was ist mit ihr?«

»Ich weiß es nicht. Die Obdachlose Willie, die immer am Supermarkt steht und die ›BISS‹ verkauft, hat sie hergebracht. Sie hat eine Blutspur gesehen und ist ihr gefolgt.«

»Blutspur? Bist du sicher, dass wir nicht die Polizei rufen sollen?«

»Willi hat nur sie gefunden.«

»Ist sie verletzt?«

»Ich weiß es nicht. Wenn man sie versucht zu berühren, fängt sie an zu schreien. Immerhin hat sie es bis hierhergeschafft. Kaum in meinem Büro angekommen, rutschte sie mit dem Rücken die Wand hinunter und kauert seitdem da.«

»Soll ich mal mit ihr reden?«

»Sehr gerne. Ich schau mal nach Willie. Emma hat ihr eine Suppe gegeben. Vielleicht kann sie mir noch etwas erzählen, was uns weiterhilft.«

Sarah ging in den großen Essraum, der für fünfzig Personen ausgelegt war. In den Essenszeiten waren alle Plätze besetzt. Das Abendessen war schon lange vorbei. Nur noch Willie saß an einem Tisch. Gegenüber von ihr nahm sie auf einem Holzstuhl Platz.

»Hallo Willie, schmeckt's?«

»Mhpf!« Verschmitzt blickte sie Sarah an. »Wenn ich jetzt noch eins dieser herrlichen Brotstücke haben kann, die eure Köchin immer so super bäckt, dann könnte ich den Suppenteller ganz blank wischen damit.«

Lächelnd stand Sarah auf und besorgte einen Brotkorb aus der Küche, die sich direkt neben dem Essraum befand. Sie stellte ihn vor Willie.

»Darf ich dir ein paar Fragen stellen?«

»Klar, solange es um das Mädchen geht. Für persönliche Fragen kennen wir uns zu wenig.«

»Hat sie etwas gesagt zu dir?«

»Ne, nicht direkt. Sie hat nur dauernd gesagt: »Nein, das will ich nicht.«

»Und wie hast du es geschafft, dass sie mit dir gegangen ist?«

»Ach, ich habe ihr gesagt, dass ich so gerne eine Suppe möchte und wenn sie mit mir mitgeht, kriege ich bestimmt eine.«

»Dann ist sie mitgegangen?«, fragte Sarah ungläubig? Ein tiefes grollendes Lachen, das in einem Hustenanfall endete, schüttelte Willie. »Na, als sie dann nicht reagierte, habe ich zu ihr gesagt. Weißt du, ich war auch mal so jung und schön wie du. Und heute? Schau mich an. Mädchen, ich verstehe deinen Schmerz, besser du kommst jetzt mit. Da hat sie mich kurz angesehen.«

~~~

»Aber keine Polizei.«

»Nein, die mag ich auch nicht. Ich heiße Willie und du?«

»Lydia.«

»Also Lydia. Auf meine alten Tage kann ich dich nicht mehr tragen.«

»Wohin gehen wir?«

»Ist nicht weit. Zwei Straßen weiter ist ein Frauenhaus. Da sind sie supernett. Kriege immer wieder mal ne Suppe dort. Auch, wenn da eigentlich andere Frauen sind als ich. Die sind normalerweise noch nicht so tief unten angekommen, wie ich.«

~~~

»Sie ist mitgegangen, oder eher geschlichen. Die Arme um ihren eigenen Körper geschlungen. Hat dann dauernd diesen doofen Satz gesagt. Einmal musste ich sie an der Ampel festhalten, sonst wäre sie direkt in ein Auto gestolpert. Da hat sie vielleicht geschrien.«

»Wo genau hast du sie aufgelesen?«

»Hinter dem Supermarkt, bei den Mülltonnen. Da hockte sie dazwischen.«

»Hatte sie irgendetwas bei sich?«

»Keine Ahnung, hab nichts gesehen. Habe mich um das Mädchen gekümmert. Das arme Ding war völlig durcheinander.«

Alexandra betrat den Essraum und setzte sich zu den beiden. »Keine Chance. Immer nur derselbe Satz. Sieht nach posttraumatischer Belastungsstörung aus. Wir können nur noch den Sanka rufen.«

»Aber, wenn ihr den Sanka ruft, dann gibt der auch der Polizei Bescheid und ich habe ihr versprochen, dass sie da nicht hinmuss«, mischte sich Willie ein.

Die beiden Sozialpädagoginnen sahen sich an. »Was machen wir denn jetzt?«, seufzte Sarah.

»Also seids mir nicht böse. Wenn ihr mit eurem Latein am Ende seid, dann rede ich halt mal mit ihr. Zwischendurch war sie jedenfalls so klar, dass sie mit mir gesprochen hat.«

»Also, gut. Das Wichtigste ist, Willie, ob sie verletzt ist und medizinische Hilfe braucht«, erklärte Sarah.

»Ach und ich dachte, ich rede mit ihr über das Wetter. Meint Ihr, ich bin blöd, oder was?«

»Nein, natürlich nicht.«

Die Tür zu Sarahs Büro stand offen. Lydia hatte sich nicht fortbewegt.

»Lydia, das ist dein Name? Willie hat ihn uns verraten. Wir haben sie mitgebracht, die Willie. Sie möchte mit dir reden, ist das okay?«, fragte Alexandra.

»Ich will das nicht!«

Enttäuscht sah Sarah Willie an. »Tut mir leid. Komm

noch mal in die Küche, ich gebe dir noch was mit«, sprach Sarah.

Einen Augenblick hörte das leichte Schaukeln auf. »Nein, ich will das nicht! Ich meine, ich, Willie soll bleiben. Und macht die Tür zu.« Ängstlich sah sie sich zum ersten Mal in dem Raum um. Als sie die Kamera am Computer entdeckte, sprang sie auf. »Was ist das?«

»Das ist unsere Kamera, wenn wir bestimmte Sachen dokumentieren müssen.«

»Nein, ich will das nicht!« Lydia schoss aus der Bürotür.

»Mensch, Lydia, nicht so schnell. Komm hier rüber, da holen wir uns noch ein Brot und setzen uns in den Essensraum«, stapfte ihr Willie hinterher.

Lydia stoppte. »Da ist nichts, oder? Da nimmt uns keiner auf oder so?«

»Nein, natürlich nicht. Das macht keinen Sinn, die Leute beim Essen zu filmen.«

»Gut«, Lydia nickte. »Weil, weißt du, ich will das nicht!«

»Ja, das habe ich inzwischen auch kapiert. Aber was du nicht willst, das weiß ich nicht.«

Willie beäugte sie demonstrativ. »Sag mal, ist das alles Blut da, auf deinem Sweatshirt?«

Lydia sah an sich herab, als würde sie zum ersten Mal das verdreckte Shirt wahrnehmen. »Ja, nein, ich will das nicht. Es muss weg.« Hastig zog sie den Pullover aus und warf ihn in die Ecke.

»Jetzt siehst du schon viel besser aus, Lydia. Hatte schon Angst, dass du verletzt bist.«

Lydia deutete hektisch auf ihr Herz. »Da, da bin ich

verletzt und da …« Sie tippte immer wieder auf ihre Stirn. »Sie haben das gemacht. Nein, ich will das nicht!«

»Ach, solange es nur Herz und Hirn sind. Komm, wir setzen uns. Erzähl.«

Lydia ließ sich auf eine Holzbank fallen und zog die Knie an. Willie setzte sich neben sie.

»Hast Du Läuse oder so?«, fragte Lydia.

»Was? Was für ne blöde Frage.«

»Nein, die ist nicht blöd. Wenn du welche hast, gib mir welche ab. Wenn es zwickt, ist das real.«

»Also einen Dachschaden hast du schon, oder?« Willie rückte etwas von ihr ab. »Jetzt sag endlich, was los ist. Ich habe heute noch viel zu tun.«

Zum ersten Mal lächelte Lydia. »Ja, das glaube ich gerne.«

~

»Ich bin da so reingerutscht. Meine Klassenleute sind mega ätzend, sie beschimpfen mich, mobben mich, wo es geht. Eine von ihnen, Kassandra, ist am gemeinsten und stachelt immer alle gegen mich auf. Meine Deutschlehrerin meint, dass ich auf die Sonderschule soll.« Tränen kullerten Lydia über die Wangen. »Ich habe zwar einen großen Bruder, der hat mir immer geholfen. Aber der ist ausgezogen.« Sie holte tief Luft. »Meine Eltern sind nie zu Hause. Mein Dad hat gesagt, dass er viel arbeiten muss. Aber ich habe ihn mit einer Tussi im Park rumknutschen sehen. Meine Mutter ist Psychologin, die weiß zwar alles besser, aber nicht, wie es mir geht.« Sie hob die Stimme an: »Wir waren im

Kino und ich habe bei einer Stelle gekreischt. Da hat sie doch tatsächlich gefragt: »Was meinst du, woher die Angst kommt, dass du genau an dieser Stelle kreischt? Triggert dich da irgendwas?«

Willie kicherte und meinte dann trocken: »Ja, die ach so lieben Eltern.«

»Jedenfalls ging mir das alles tierisch auf die Nerven. Da habe ich angefangen mal zu schauen, ob es da im Netz nicht jemanden gibt, der mich versteht.« Lydia blickte eine Weile auf die Brotkrumen, die auf dem Tisch lagen. »Ich habe mich so gefühlt, wie das da auf dem Tisch.«

»Was, die Brotkrumen?«

»Ja, zerfleddert, zu nichts gut.«

»Aber Brot ist lecker.«

~~~

»Ich sitze vor dem PC und starre ihn an. Innen fühle ich mich hohl. Bin todmüde. Um irgendwas zu tun, gehe ich ins Darknet. Zum ersten Mal am Tag freue ich mich und danke meinem Bruder, dass er mir gezeigt hat, wie ich da reinkomme. Ich gebe »bin todmüde« ein. Eine Weile hüpfe ich von Seite zu Seite, von Chat zu Chat. Zwischendurch unterdrücke ich den Impuls, wieder rauszugehen. Irgendwas zieht mich immer tiefer. Ich fühle mich angenommen unter den vielen verzweifelte Menschen. Merke, ich bin nicht allein.

Als einer seinen eigenen Selbstmord filmt, sehe ich etwas aufblinken.

»Du fühlst dich todmüde? Aber wer ist schuld? Wie alt bist du? Wie heißt du? Komm zu uns, kanalisiere deine Wut von dir weg auf die Menschen, die schuld sind.«

»Ob die mich verstehen?« Einen Augenblick zögere ich, schwanke zwischen Hoffnung und ungutem Gefühl, gehe auf die Seite.

Ein Feuerwerk an bunten Farben empfängt mich. »Herzlich Willkommen. Egal, ob du nur kurz schnupperst, oder mit uns Kontakt aufnehmen willst. Wir lassen dich in Ruhe schauen. Wenn du Fragen hast, sind wir gerne für dich da.«

Eine Animation beginnt. Ein pumpendes Herz wird sichtbar. Es ist grün. »Grün für die Hoffnung«, steht blinkend darüber. Ein schwarzes Schwert taucht aus dem Nichts auf und zerschneidet das Herz in tausend Stücke.

Ich fahre mit dem Gaming Stuhl nach hinten. Mein Atem geht stoßweise. Ein Blick auf den Bildschirm zeigt mir, dass das grüne Herz wieder pumpt. Ich stehe auf und hole mir eine Flasche Spezi.

Ich schreibe in den Chat: »Hi.«

»Hi, wer bist du? Wie heißt du?«, kommt sofort die Antwort.

»Lydia.«

»Ein toller Name: Lydia – Lyderin – Lud – Luder – Streiterin – Verkackerin.«

»Hey, wenn ich beleidigt werden will, dann brauche ich nur in die Schule zu gehen.«

Eine Weile kommt keine Reaktion.

»Ich heiße auch so.«

»Echt?«

»Ja, ich habe mir den Namen selbst ausgesucht. Bei unserem Spiel.«

Ich nehme einen Schluck aus der Flasche. Meine Finger fliegen über die Tasten. »Wie kann man sich den Namen Verkackerin aussuchen?«

»Weil ich ein Luder bin und eine Streiterin. Das passt zu mir. Scheint auch zu dir zu passen, das mit der Streiterin. Hast »bin todmüde« eingegeben, hast aber auch eine fette Wut in dir.«

»Hey, meine Mam ist Psychologin, also lass den Psychoquatsch. Das habe ich dauernd zu Hause.«

»Du verstehst nicht, was ich meine. Es ist herrlich. Du besitzt Temperament.«

Ich starre meine Finger an. Sie liegen auf der Tastatur. Bevor mir etwas einfällt, womit ich meine Namensschwester beeindrucken kann, schreibt sie. »Wollte dich nicht beleidigen. Echt nicht. Aber deine Attribute passen spitze zu unserem Spiel.«

»Was für ein Spiel?«

»Macht echt Spaß. Muss jetzt los, melde mich morgen wieder, um die gleiche Zeit, okay? Have a nice time.« Weg sind der Chat und die Seite.

Der Typ, der sich gerade umbringt, liest seinen Abschiedsbrief vor.

Ich gehe raus aus dem Darknet.

Bleibe sitzen, den Ellenbogen auf dem weißen Schreibtisch aufgestellt, kaue an meinem Daumennagel, beiße fest hinein und reiße ein großes Stück vom Nagel mit meinen Zähnen raus. Ich sehe auf den Finger, spüre den Schmerz, fasziniert sehe ich, wie sich eine kleine Blutlinie auf dem Nagelbett bildet. Die Frage »Was für ein Spiel?«, geistert in meinem Kopf rum. Sie begleitet mich in meinem Schlaf, im faden Unterricht.

... und irgendwo tief im Inneren taucht der Wunsch auf. »Darf ich mitspielen? Bitte!«

Eine Stunde vor meiner Verabredung, sitze ich fieberhaft da und starre den Bildschirm an.

»Kann heute nur kurz. Wie geht es dir?«

»Alles cool.«

»Nicht mehr todmüde?«

»Naja.«

»Sag mal, wo wohnst du?«

»In der Nähe von München.«

»Das ist ja super, ich lebe in München. Aber ich muss jetzt weiter, sorry. Morgen? Gleiche Zeit?«

»Yeaph.«

»Freue mich.«

Diesmal bleibe ich die Antwort schuldig und gehe hastig raus. Wieso freut sich jemand darauf, mit mir zu quatschen?

~~~

Am nächsten Tag warte ich gespannt. Pünktlich meldet sie sich.

»Hi, Lydia.«

»Hi«»Hoffe dir geht es besser als mir.«

»Was los?«

»Die Mutter eines Gamers von uns, hat ihrem Sohn den PC aus dem Fenster geworfen und ihn im Zimmer eingesperrt. Jetzt kann er nicht zu uns kommen.«

»Wie zu Euch kommen?«

»Ach, das weißt du ja gar nicht. Wir treffen uns persönlich zu dem Spiel.«

»Was für ein Spiel ist das? Darf ich mitmachen?«

»Eigentlich nehmen wir niemand, den wir noch nicht so gut kennen. Ich frage mal nach. Melde mich in einer halben Stunde wieder. Bis dann.«

»Bis dann.«

Ich bin nervös, meine Hände schwitzen. Ob sie mich mitspielen lassen? Eigentlich muss ich für die Englisch Schulaufgabe morgen lernen. Die achte Klasse Gymi ist ganz schön schwer. Aber es ist mir egal, wenn ich mal eine schlechte Note bekomme. Merkt eh keiner zuhause. Wie festgenagelt sitze ich auf meinem Stuhl. Eine halbe Stunde später schreiben wir uns.

»Hi, Mit-Streiterin. Willkommen in unserem Club.«

»Heißt?«

»Du darfst bei der nächsten Runde mitspielen.«

»Echt, jetzt. Cool.«

»Aber du musst unserem Namen alle Ehre machen. Ich habe mich für dich verbürgt. Sonst kriege ich Ärger.«

»Ich mach alles, was du willst.«

»Wir treffen uns Samstagnachmittag auf der Auer Dult beim Autoscooter. Ich habe eine pinkfarbene Lederjacke an.«

Ich wundere mich ein wenig, dass wir uns auf dem

Jahrmarkt in Giesing treffen. »Wie alt seid ihr? Ich bin schon ewig nicht mehr Autoscooter gefahren.«

»Du brauchst nicht mitzumachen, wenn du nicht willst.«

»Doch, bitte.«

»Gut, die sind schon alle neugierig auf dich. Habe ihnen von dir vorgeschwärmt. Wir brauchen noch ein bisschen was von dir. Aber nur, wenn das okay ist.«

»Was wollt ihr?«

»Du machst von jedem Zimmer von euch Fotos. Aus ganz vielen unterschiedlichen Blickwinkeln. Auch das Bett deiner Eltern. Schlag die Bettdecke auf und filme auch das Kopfkissen. Habt Ihr einen Hund?«

»Nein, aber die nervige Katze von meinem Bruder ist noch hier.«

»Dann mache Fotos von ihr.«

»Das mache ich.«

»Wir brauchen auch Fotos von dir und deiner Familie, Einzelfotos, und filme alles. Und wenn du hast, brauchen wir ein Foto von jemand, der dir am meisten in der Schule zusetzt.«

»Von Kassandra, meiner Erzfeindin habe ich eines, vom Schulausflug.

»Spitze.«

»Okay, wie erkläre ich meinen Eltern, dass ich alles filme oder so?«

»Sag doch einfach, du brauchst es für ein Schulprojekt. Mache ich auch immer so.«

»Darf ich fragen, wie das Spiel geht?«

»Sorry, nein. Erfährst du alles am Samstag. Das machen

wir bei allen so. Das ist eine richtige Zeremonie, wenn du bei uns eingeweiht wirst.«

»Wow, was ziehe ich an?«

»Was du am liebsten trägst. Deine Klamotten brauchst du eh nicht.«

»Bin jetzt schon ganz aufgeregt.«

»Und ich erst, es geht alles ein bisschen schnell, aber du hast einen guten Eindruck bei mir gemacht. Und dann ist bei uns ja ein Gamer ausgefallen.«

»Ich fange gleich mit den Fotos an.«

»Spitze. Wir brauchen sie bis Donnerstag. Wie alt bist du eigentlich?«

»Fünfzehn.«

»Super, das passt. Ich bin 16. Ist jemand am Samstag bei euch zu Hause? Wie lange darfst du wegbleiben?«

»Die merken eh nicht, wenn ich nicht daheim bin. Meine Mam ist auf einem Kongress und mein Dad ist sicher bei seiner Knutschtussi. Das Haus steht leer.«

»Perfekt. Wir freuen uns auf dich. Aber sage keinem was, okay? Sonst verbieten sie es uns.«

»Hey, ich bin keine Petze.«

»Spitze, ich zähle auf dich. Morgen wieder gleiche Zeit?«

»Ja.«

»Bis dann.«

⸙

Seit zwei Tagen bekomme ich keinen Bissen herunter. X-mal habe ich meinen Kleiderschrank durchwühlt und weiß immer noch nicht, was ich Samstag anziehe. Meine Eltern merken gar nicht, dass ich alles filme. Am Donnerstag beim Frühstück, das wir im Stehen einnehmen, filme ich, wie meine Mam mit dem Messer das Brot malträtiert.

Als ich sie anspreche, was los ist, sieht sie mich an. Sie weint. Ich gehe einen Schritt auf sie zu, aber sie fuchtelt mit dem Messer vor mir rum. Mein Vater kommt rein und schaut ganz schuldbewusst. Jetzt ist mir klar, dass sie von der Knutschtussi erfahren hat. Sollen sie doch ihren Mist allein hinkriegen.

Donnerstagabend lade ich die Videos und Fotos auf den Link, den mir Lydia am Nachmittag gezeigt hat. Ich bin stolz, dass ich nun eine Freundin habe. Jeden Tag chatten wir um die gleiche Zeit und erzählen uns alles. Es gibt kein Tabuthema zwischen uns.

<hr>

Am Samstag wache ich früh auf, obwohl ich sonst am Wochenende bis drei Uhr mittags schlafe. Ich wasche meine langen gelockten Haare, färbe sie blauschwarz und ziehe mir ein weites graues lappiges Sweatshirt über. Ich mache mir einen Kopf darüber, ob sie mich mögen und ob ich alles richtig machen werde.

Dann fahre ich mit den Öffentlichen zu Auer Dult. Schon von weitem sehe ich Lydia. Als sie mich sieht, rast sie auf mich zu.

»Hi.«

»Hi. Du hast mich gleich erkannt?

»Klar, ich habe doch Fotos von dir.« Sie zieht mich zu einer Gruppe mit drei unterschiedlichen Typen. Sehen alle aus wie richtige Nerds. Lydia und ich sind die einzigen Frauen. Aber das ist mir egal. Sie sind alle nett zu mir und freuen sich.

Lydia drückt mir Fahrchips in die Hand. »Zum Warmwerden drehen wir erst mal ne Runde Autoscooter. Wirst sehen, das macht fun.« Schon steigt sie in ein gelbes Teil

Wir fahren drei Runden und es macht tierisch Spaß. Ich knalle gegen jedes Auto, das ich erwischen kann. Lachend und prustend steigen wir aus.

»Hey, Lydia, du bist ganz schön taff. Vor dir muss man sich in Acht nehmen«, gluckst Cicero. Seine rothaarigen Wuschelhaare stehen in alle Richtungen und auf seinem roten warmen Wollpulli kann ich die Reste seines Frühstücks erkennen.

Bevor ich etwas erwidern kann, ruft uns Hero etwas zu. Er ist groß, trägt einen kurzen blonden Haarschnitt, ich halte ihn für den Ältesten von uns. »Los geht's, Freunde.« Die drei Jungs schultern schwarze Sporttaschen, die beim Kartenhäuschen deponiert waren, und stapfen voran. Meine Freundin und ich folgen ihnen. Erst geht es den Giesinger Berg hoch, durch den Kronenpark, dann an der Silberhornstraße und dem Grünspitzgelände vorbei. Nach einer halben Stunde kommt unsere Gruppe am Wettersteinplatz an.

Plötzlich stoppt Hero. Lydia flüstert mir zu. »Wir müssen aufpassen, dass uns keiner sieht.« Hero geht zu einer schmalen Betontreppe. Ein Schild: »Unbefugten ist der Zutritt verboten«, hängt an einer Kette befestigt, davor.

Rasch klettern wir drüber und gehen die Treppe runter. Unten befindet sich eine schwere Eisentür: Betriebsraum steht darauf. Hero sperrt sie auf.

Wir gehen durch einen schmalen Gang zu einer weiteren Tür. Auch diese öffnet Hero in Nullkommanichts. Es ist stockfinster. Dann drückt er den Lichtschalter. Neonröhren springen blinkend an. Eine riesige leere Betonhalle erstreckt sich vor uns.

»Na, da staunst du, was?«, grinst mich Lydia an.

»Ursprünglich sollte das eine Tiefgarage werden. Aber das ist Jahre her.«

»Und das Ding steht jetzt leer oder was«, erkundige ich mich staunend.

»Ja, alle fünf Jahre kommt eine Bauwerksprüfung vorbei«, erklärt Hero. »Das war erst letzte Woche. Davor haben wir krass sauber machen müssen. Aber jetzt haben wir wieder fünf Jahre Ruhe.« Er wendet sich mir zu. »Deshalb ist es hier so clean.«

»Und woher hast du die Schlüssel?« Ich beiße mir auf die Zunge. Warum muss ich immer so spießige Fragen stellen?

Er nimmt es mir nicht übel. »Das willst du gar nicht wissen«, antwortet er.

Wie auf ein Kommando packen sie ihre Taschen aus. Computer, Kabel, ein klappbarer Stuhl, Cams und vieles mehr ... geniales Equipment.

»Jetzt zieh dich aus Lydia.« Hero geht auf mich zu. Er hat einen schwarzen Sack in der Hand. Ich gehe einen Schritt zurück und stoße an Cicero, der sich hinter mich gestellt hat. »Du willst doch jetzt nicht kneifen?«, flüstert er und stößt mich sanft mit dem Ellenbogen in den Rücken.

»Nicht ganz ausziehen, nur bis zur Unterwäsche.« Hero baut sich vor mir auf. Während er spricht, packt ein Junge - sie nennen ihn Cool - seine Tasche aus. Eine Klapp Box, Laptop, lauter technischer Kram. Er nimmt ein Verlängerungskabel und steckt es in die Steckdose, die sich unter dem Lichtschalter befindet.

Ich stehe immer noch unentschlossen da.

Hero motzt meine neue Freundin an. »Du hast doch gesagt, sie will mitmachen. Was ist jetzt?«

Lydia dreht sich zu mir. »Komm, jetzt zieh dich schon aus. Wir haben uns mit den Vorbereitungen so Mühe gegeben.

Ängstlich zitternd entledige ich mich meiner Kleidung.

Hero gleitet mit einem Kennerblick über mich. »Hey, du hast eine Super Figur. Warum versteckst du sie unter den blöden Klamotten?« Er öffnet den Sack. »Das ist ein Anzug, du ziehst ihn an und das hier sind VR-Brille, -Headset und -Helm. Das ziehst du dir alles über den Kopf. Hast du sowas schon mal gemacht?«

Ich schüttele den Kopf. Irgendwie kann ich nicht glauben, dass sie mir was antun wollen, aber tief in mir schrillen die Alarmglocken. Ich ziehe das Zeug an.

»On«, höre ich noch von Cool. »So, jetzt bewege mal deinen linken Arm nach vorne und öffne und schließe deine Faust.«

Ich gehorche … und befinde mich in einer anderen

Welt. Ich sehe mich so, wie ich schon immer aussehen wollte. Absolut sexy. Bin ich das? Ich stehe vor meinem Elternhaus. Will ich da rein?

Neben mir tauchen vier weitere Gestalten auf. »Lydia trägt ein knappes Korsett und knallenge Jeans.« Auch Hero, Cool und Cicero haben sich irgendwie verändert.

»Willkommen in unserem Universum«, ruft Lydia mir zu. »Komm, wir gehen mal rein.«

Ich öffne die Haustür. Alles ist still. »Mam, Dad, seid ihr da?« Plötzlich knallt eine Tür zu. Ich zucke zusammen. »Hilfe, hier sind wir. Hilfe.« Ich stehe wie erstarrt da.

Meine Freunde stürmen vor. Woher kommen die Pistolen, Messer und Säbel in ihren Händen, frage ich mich? Zuerst gehe ich in die Küche. Eine Pfanne, zerbrochene Teller, und Besteck liegen auf dem Boden. Aus Versehen trete ich auf ein zersplittertes Glas. Ich sehe auf meinen linken Fuß. Er blutet. »Komm, Lydia, komm schnell«, höre ich meine Namensvetterin aus dem Wohnzimmer rufen.

Dort angekommen, blicke ich erst sie an und dann auf den Säbel in ihrer Hand. »Schau genau hin, das mache ich nur für dich.« Unsere Katze lugt unter dem Wohnzimmertisch hervor. Der Säbel zischt durch die Luft, bis er den Kopf von Mietki abtrennt. Blut rinnt am dunklen Bildschirm des Fernsehers hinunter. »Was tust du?«, schreie ich Lydia entsetzt an.

»Du hast doch genug von deinem Elternhaus. Wir setzen jetzt das in die Tat um, was du schon lange machen wolltest. Deine Wut kanalisieren. Jetzt kriegen die es ab, die es verdienen.

An der Haustür klingelt es. Ich gehe wie in Trance und öffne. Meine »Lieblingsfeindin« steht vor mir. »Ach Lydia, ich wollte dich nur fragen, ob du mein iphone hast. Ich bin mir sicher, dass du es gestohlen hast, du Bitch.« Cool stellt sich neben mich, ein Mini-Gun in der Hand. »Hi Kassandra.«

Sie sieht ihn begeistert an. »Du siehst ja cool aus.« Mit der Hand zwirbelt sie an ihrem Haar herum.

»Was tut so ein Typ wie du bei der da?« Sie machte eine abfällige Bewegung in meine Richtung.

»Sie von Arschlöchern wie dir befreien.« Mit seiner Gun feuert er auf sie.

»Nein, nicht«, schreie ich.

Hero kommt auf mich zu, ein Schnappmesser in der Hand. »Jetzt stell dich nicht so an.«

»Aber ich will das nicht.«

»Wegen dir machen wir doch das ganze Theater. Überall bei dir im Haus haben wir Cams angebracht. Die zeigen, was gerade passiert bei Euch zu Hause.

Ich will den Helm abstreifen. Die Brille runterreißen. Hero befiehlt. »On, Cool. Sofort!«

Ein Stromschlag erfasst mich und wirft mich nach hinten.

Hero packt mich am Arm und zerrt mich die Treppe hinauf, bis wir im Schlafzimmer meiner Eltern ankommen. »Hier, schau dir alles in Ruhe an.«

Ich sehe meine Mutter, ängstlich auf ihrem Bett kauernd. »Kleines, was machst du hier?«, will sie wissen.

»Das wollte ich gerade fragen. Ihr habt doch gesagt, dass ihr weg seid.«

»War auch so geplant. Aber dein Vater und ich haben uns zusammengesetzt und mal in Ruhe miteinander geredet. Bis die da kamen.« Sie zeigte auf meine neuen Freunde.

»Mama, es tut mir so leid«, die Tränen laufen mir runter.

»Lauf schnell weg, solange du noch kannst«, ruft sie. Erst jetzt sehe ich, dass mein Vater neben dem Bett liegt. In einer Blutlache.

Cicero steht neben meiner Mutter und hält ihr eine Pistole an den Kopf.

»Nein, ich will das nicht. Nein!«, brülle ich so laut ich kann.

»Hey, die Mikros sind allererste Sahne, du musst nicht so laut schreien, sonst haut es uns die Ohren weg«, meint Lydia ruhig hinter mir.

Ich drehe mich zu ihr um. »Was, was sagst du da?«

»Du brauchst es nur zu sagen, wenn du aussteigen willst. Wir haben es nur gut gemeint.«

Cool kommt auf mich zu, langt zu meinem Bauch. Ich springe zurück und stolpere. »Jetzt sei doch mal still. Ich will dir nur aus dem Anzug helfen.«

»Komm, gib mir die Brille und das ganze Zeug«, sagt Hero mit weicher Stimme. Ich setze die Brille ab. Mir ist schwindelig. Mein Gehirn erfasst nicht, was da los ist. Ich schwanke leicht. Cicero drückt mich sanft auf den Klappstuhl. »Hier trinke erst mal.« Gierig schütte ich das Wasser in mich hinein.

Lydia reicht mir meine Klamotten. Ich ziehe sie an. Ob sie mich jetzt gehen lassen? Die vier ziehen ihre Brille runter und legen die Helme in eine Sporttasche zurück.

Cool breitet eine Plastikplane auf dem Boden aus. So eine, die man zum Abdecken nimmt, wenn man die Wände streicht. Panik erfasst mich. Benommen schüttele ich den Kopf. Hero grinst mich an und deutet auf die Wasserflasche. Langsam begreife ich, dass sie mir irgendein Mistzeug ins Getränk gegeben haben. Oder liegt es an den grausamen Bildern in meinem Kopf?

»Eins, zwei, drei«, befiehlt Hero. Die drei Jungs heben den Klappstuhl an - mitsamt mir - und stellen ihn auf die Plastikplane. Ich will mich wehren, will weglaufen, will schreien. Kein Ton kommt raus.

Ich höre eine Musik, die immer lauter wird. Sie kommt mir bekannt vor und auch wieder nicht.

Cool holt seine Kühltasche und öffnet sie.

Meine Pupillen weiten sich. Cicero genießt meine Angst. »Weißt du. Ich arbeite nebenbei als Sanitäter und wir machen kleine chirurgische Eingriffe.«

Mein Gehirn ist hellwach, mein Körper streikt komplett. Hero hebt mich kurz hoch und lässt mich auf den Boden gleiten. Lydia bringt den Klappstuhl in Sicherheit. Ich liege auf dem Boden. Die Kälte des nackten Beton Bodens kriecht durch die Plane in meinen Rücken.

Die vier stellen sich rund um mich herum auf. Sanft nimmt jeder einen Arm, oder einen Fuß und zieht ihn seitlich, weg von meinem Rumpf. Mein Innerstes schreit, aber ich kann mich nicht wehren.

Cool holt mehrere kleine Beutel aus der Tasche und reicht sie den anderen drei.

»Auf drei«, kommandiert Hero. »Eins, zwei, …, drei«

Meine Augen starren auf die Betondecke.

Dann geschieht alles gleichzeitig. Sie öffnen die Drehverschlüsse des Beutels und rufen »Virgin, Virgin, Virgin …« und schütten den Inhalt der Beutel über mein Oberteil.

»Es geht doch nichts über echtes, sauberes Blut«, freut sich Cool.

Meine neue Freundin kreischt. »Willkommen im Club. Du hast die Zeremonie bestanden. Kein Stress, du wirst bald wieder zu dir kommen.«

Hero bestätigt. »Ja, Du hast alle Prüfungen des Aufnahmerituals bestanden. Meine Hochachtung.« Er nimmt den Klappstuhl und setzt sich neben die Plane. »Hey, Leute, jetzt habe ich aber Hunger.«

Bierflaschen werden herausgeholt und irgendwas, das nach Essen aussieht.

Langsam lichtet sich mein vernebelter Verstand.

Als Lydia merkt, dass ich mich wieder hinsetzen kann, ruft sie gehypt. »Du warst toll. Hast dich nicht mal übergeben. Jetzt sind wir beste Freundinnen.«

Ich schüttele den Kopf wieder und immer wieder. »Ich will das nicht. Lasst mich gehen. Ich will das nicht.« Enttäuscht starrt Lydia mich an. Ihr Mund verzieht sich weinerlich. »Aber, es war doch super.«

Hero kapiert, dass ist es ernst meine, langsam steht er. »Cool.«

Cool geht zu seiner Sporttasche, holt etwas heraus.

Eine Spritze. Er zieht sie auf und sticht sie mir in den Oberarm. Ich verliere das Bewusstsein.

Als ich aufwache, habe ich nur einen Satz im Hirn. Ich will das nicht.

~~~

»Dann habe ich dich gesehen, Willie. Keine Ahnung, wie ich da hingekommen bin.«

Willie legte den Kopf auf die Seite. »Ganz schön hart.« Sie kramte in ihrer Manteltasche. »Siehst du, das habe ich im Müll gefunden. Es ist ein altes rosa Prepaidhandy. Damit kann mich keiner tracken oder so.«

Alexandra stellte sich an den Tisch. »Darf ich mich setzen, Lydia?«

Sie nickte.

»Ich habe mir erlaubt, ein bisschen zuzuhören. Ich hoffe, das war okay. Wie können wir dir helfen?«

»Könnt ihr bei meinen Eltern anrufen, ob alles in Ordnung ist? Vielleicht sind die Irren da noch eingebrochen, oder so.«

»Klar«, sie nahm ihr Handy aus der Gesäßtasche. »Hier, wenn du magst, kannst du selbst anrufen.« Sie reicht mir das Handy.

»Mam, ist alles okay bei euch?«

»Ja, aber wir müssen mit dir reden. Wo bist du denn?«

»Könnt ihr mich abholen? Bitte. Warte ich gebe dir Alexandra, die sagt dir alles.«

Vieles hat sich seitdem verändert. Manchmal kommt mir alles wie ein böser Traum vor.

Aber jedes Mal, wenn ich Kassandra sehe, sehe ich, wie sie erschossen wird. Nun ist es mir egal, ob sie mich beschimpft, oder nicht. Sie merkt, dass etwas anders ist als sonst.

»Das macht ja gar keinen Spaß mehr, dich zu ärgern«, stellt sie eines Tages fest.

Ich habe ihr vorgeschlagen mal einen Kaffee trinken zu gehen. Dabei haben wir uns ausgesprochen. Sie verspürt genauso viel Druck im Leben wie ich.

Zu meinen Eltern bin ich auch netter als sonst. Je nachdem, bei welchem Elternteil ich gerade bin. Sie haben sich getrennt. Mein Vater ist zu der Tussi gezogen. Die ist aber eigentlich ganz okay.

Und den »blöden Kater« füttere ich jetzt sogar.

Einmal habe ich diese durchgeknallten Freaks in Giesing von Weitem gesehen. Sie hatten ein junges Mädchen in der Mitte, das ganz aufgeregt wirkte. Nie wieder will ich die treffen.

Dafür arbeite ich manchmal beim Frauenhaus mit … und ich winke Willie zu, wenn sie sich eine Suppe holt. Sie ist immer schwer beschäftigt. Aber vielleicht schaffen wir es ja eines Tages, uns in Ruhe zu unterhalten.

MONSTER

»Moin, Jonas!« Fast wäre er mit Ina zusammengestoßen. Er rieb sich die Augen, erwiderte den Gruß mit einem Lächeln und schlurfte in den Aufenthaltsraum des Pflegeheims. Dort schüttete er Kaffee aus der Kanne in einen Becher. Der würde ihn auf Betriebstemperatur bringen.

»Hier ist der Bericht von letzter Nacht«, sagte Ina. »Frau Bäcker hat nur noch leichtes Fieber, bei Herrn Kremer müssen wir aufpassen, dass er sich nicht wund liegt. Ja, und der Neue, Herr Hansen, war sehr unruhig, hat alle paar Minuten geklingelt. Der Arzt hat ihn gestern noch untersucht, alles in Ordnung. Herr Hansen klagt über Schmerzen, dann muss er zur Toilette, hat Durst, Hunger, vermisst etwas, was vor seiner Nase liegt. Vorhin hat er mir erklärt, dass er nach Hause will. Ich soll seine Tochter anrufen. Das sind keine Zustände hier.« Sie lachte. »Kein Wunder, dass die andere Station ihn loswerden wollte.« Jonas runzelte die Stirn, Ina fuhr fort: »Angeblich fehlt ihnen Personal. Als ob es uns anders ginge. Und dann ist er, rein körperlich, einer der leichteren Fälle. Würde also eher auf unsere Station passen.« Sie pustete ihren Pony hoch. »Leichtere Fälle, ha, aber nicht weniger anstrengend.«

Jonas zuckte die Schultern und nahm den letzten Schluck aus seiner Tasse. Dann ging er in den Medikamentenraum und stellte die Dosierungen für seine Schützlinge zusammen. Mit den stets gleichen Worten munterte er seine Patienten auf, während er sie wusch, zur Toilette brachte, Medikamente und Frühstück verteilte.

Die Klingel ertönte, das Licht über der Tür von

Herrn Hansen leuchtete.

»Gehst du?«, fragte Ina. »Ich war heute schon dreimal bei ihm. Er nervt.«

Jonas lächelte. »Ja klar, ich übernehme.« Immer noch lächelnd betrat er das Zimmer.

Der alte Mann war in der Bettwäsche kaum zu erkennen. Sehr helle Haut und weiße, den bleichen Kopf wie ein Wattebausch umrahmende Haare ließen ihn fast mit seiner Umgebung verschmelzen. Nur die hellblauen Augen stachen hervor.

»Ich habe das nicht bestellt!« Der Alte deutete auf das Frühstückstablett. »Ich will ein Sieben-Minuten-Ei und richtiges Vollkornbrot. Nicht so eine Pappe.« Er wedelte mit der Brotscheibe.

Jonas schluckte. Schimpftiraden war er gewohnt. Etwas anderes schnürte ihm den Hals zu. Der Anblick des Alten rührte eine verborgene Saite in seinem Inneren an. Die Augen, wimpernlose Lider und fehlende Augenbrauen. Von einer Minute auf die andere war er wieder ein kleiner Junge. Stand im Wald, verlassen, frierend. Seine Hände begannen zu zittern und seine Knie wurden weich. Die Stimme versagte. Jonas machte den Mund auf und zu wie ein Fisch. Dann drehte er sich um und verließ das Zimmer. Er lehnte sich von außen an die Tür, schnappte nach Luft. Langsam beruhigte sich sein Herzschlag. Was war das? Was bedeuteten die Bilder? Er atmete ein paar Mal tief durch, wischte mit dem Ärmel den Schweiß von der Stirn. Immer noch leicht benommen wie nach einem Albtraum, ging er zu seiner Kollegin zurück.

»Was war?«, fragte sie.

Jonas zuckte die Schultern. »Nichts.«

Im selben Moment schrillte die Klingel wieder.

»Nichts?« Ina sah ihn spöttisch an.

»Ja, er wollte was anderes zum Frühstück. Was willst du machen? Wir sind doch kein Hotel!" Es kam aggressiver heraus, als beabsichtigt.

Noch am selben Tag musste Jonas zur Heimleiterin, weil Herr Hansen sich über ihn beschwert hatte. Er zuckte die Schultern. Wiederholte seine Worte. Die Leiterin seufzte. »Unsere Gäste zahlen nun mal gut, da müssen wir dem nachgeben. Wenn Herr Hansen ein Frühstücksei will, bekommt er es. Außerdem ist er ein entzückender alter Herr.«

Jonas nickte, während Magensäure in seinen Mund stieg. Er versuchte, die Begegnung mit dem Patienten zu vermeiden, richtete es so ein, dass seine Kolleginnen sich um den alten Mann kümmerten.

Aber es war nur eine Frage der Zeit, bis Hansen klingelte und Jonas sein Zimmer betreten musste. Der Greis wirkte wie ausgewechselt, lächelte ihn an und deutete auf ein altes Handy, das auf seinem Nachttisch lag.

»Das hat meine Tochter mir gegeben. Damit kann ich sie jederzeit anrufen, wenn man mich hier verhungern und verdursten lässt. Sie macht sich Sorgen um mich, die Gute. Aber das ist doch vollkommen unnötig, Ihr seid doch alle lieb zu mir, nicht wahr?« Sein zittriges Flüstern hatte etwas Flehendes, trotzdem fühlte Jonas, wie ihm kalter Schweiß den Rücken hinunterrann. Er nickte, fragte leise, was er tun könne.

»Bleib einfach ein bisschen bei mir und leiste mir Gesellschaft.«

Diese sanfte, schmeichelnde Stimme. »Komm mit mir, ich bringe dich ins Warme.« Bilder blitzten auf, Wald, eine Hütte. Er ging hinter jemandem her, hielt eine Hand.

»Tut mir leid, ich kann nicht«, stotterte er und floh aus dem Zimmer. Er rannte zur Toilette und schloss sich in eine der Kabinen ein, bis das Zittern wieder nachließ. Anschließend spritzte er sich kaltes Wasser ins Gesicht. Betrachtete sich im Spiegel. Die dunklen Ränder unter den Augen, die blasse Haut. Was hatten diese Bilder in seinem Kopf zu bedeuten? Und was hatten sie mit Hansen zu tun?

Als Hansen das nächste Mal klingelte, atmete Jonas tief durch, sammelte sich und ging dann in das Zimmer.

»Was kann ich für Sie tun, Herr Hansen?«, brachte er hervor.

»Ein Glas Wasser, ich hätte gerne ein Glas Wasser.« Jonas deutete auf die Mineralwasserflasche und das Glas auf dem Tisch. In Reichweite des Mannes.

»Das ist abgestanden. Ich hätte gerne frisches.«

Der krumme Finger des Greises deutete auf das Handy. »Oder soll ich meine Tochter anrufen und ihr sagen, dass du mich verdursten lässt? Hol mir frisches Wasser, du faule Sau!«

Jonas schluckte den Kloß im Hals hinunter. Er drehte sich um und verließ das Zimmer, um Wasser zu holen. Als er zurückkehrte, standen bereits eine neue Flasche und ein frisches Glas auf dem Nachttisch.

»Schwester Ina war so nett. Sie sorgt wie eine Tochter für mich.«

Ina stand am Fenster und ordnete die Gardinen. Sie drehte sich lächelnd um.

»Ich werde meiner Tochter berichten, wie nett Sie sich um mich kümmern. Sie wird sich sicher erkenntlich zeigen.«

Ina zwinkerte dem Alten und Jonas zu und verließ das Zimmer. Kaum fiel die Tür hinter ihr zu, keifte Hansen erneut los. »Was stehst du hier rum, du fauler Sack?«

Jonas Hände begannen zu zittern. Die Flasche drohte ihm zu entgleiten. Er stellte sie gerade noch rechtzeitig ab. Sein Blick fiel auf das Handy. Er wusste nicht, was ihn antrieb. Mit einem zittrigen Finger schob er es an die Kante des Tisches. Dort lag es knapp außerhalb von Hansens Reichweite. Jonas schob weiter, bis ein Drittel des Geräts über der Kante war. Ein kleiner Schubs würde genügen. Dann schob er es wieder zurück. Drehte sich um und ging. Hansen hatte keinen Mucks von sich gegeben.

Kaum hatte Jonas das Zimmer verlassen, konnte er das Zittern nicht mehr kontrollieren. Was hatte er nur getan? Angst kroch in ihm hoch, schnürte ihm den Hals zu. Hatte der Mann nicht gesagt, er würde ihn furchtbar bestrafen, wenn er etwas sagt? Welcher Mann? Was waren das für Gedanken? Was löste der Anblick des Alten in ihm aus? Und warum fühlte sich die Sache mit dem Handy ein kleines bisschen gut an?

Nachts träumte er, wie er als kleiner Junge mit seiner

Schwester und ihren Freundinnen im Wald Verstecken spielte. Er konnte sie nicht finden. Verirrte sich, es wurde dunkel. Frierend und vor Angst zitternd stand er inmitten hoher Tannen. Jemand kam und nahm ihn an die Hand. Zog ihn hinter sich her zu einer Hütte. Er blickte auf den Rücken vor sich und die Figur wuchs, die langen dunklen Haare seiner Schwester wurden zu weißen Strähnen. »Du musst keine Angst haben«, sagte der Mann. Dann drehte er sich um.

Jonas wachte schreiend auf. Es dauerte, bis er sich beruhigt hatte. Der Mann hatte das Gesicht von Hansen. Jünger, aber eindeutig Hansen.

Jonas meldete sich ein paar Tage krank. Als er wieder ins Heim ging, bat er die Leiterin darum, auf eine andere Station versetzt zu werden. Kurz vor Dienstschluss klaute er ein starkes Schlafmittel aus dem Medikamentenraum. Schlief traumlos.

Du weißt gar nicht, ob er es war, sagte er sich. Was er überhaupt getan hat. Er ist nur ein anstrengender alter Mann und du hast merkwürdige Albträume. Das lässt sich alles klären.

Er rief seine Mutter an und fragte sie, ob er als Kind im Wald verloren gegangen war. Sie antwortete ausweichend, dass er als kleiner Junge weggelaufen war und erst nach ein paar Tagen an einer Straße am Waldrand gefunden wurde. Nein, von einem Mann und einer Hütte wusste sie nichts. Jonas habe nur eine Weile schlecht geschlafen und ein bisschen fantasiert. Aber das gab sich irgendwann. Untersucht? Nein, warum denn?

Warum auch? Er war einfach ein kleiner stiller Junge mit zuviel Fantasie. Und jetzt war er ein großer einsamer Mann. Mit immer noch zuviel Fantasie.

Er fragte sich, ob er den ans Bett gefesselten Greis einfach zur Rede stellen sollte. Zwang sich, in das blasse, faltige Gesicht mit den hellen Augen zu schauen. Blickte auf die gichtigen Hände. Und hatte das Gefühl, dass genau diese Finger, die so kraftlos auf der Bettdecke lagen, ihm den Hals zuschnürten. Er konnte kaum schlucken, geschweige denn sprechen.

»Und? Was glotzt du?« Der Greis sah ihn lauernd an.

Jonas zuckte zusammen und floh aus dem Zimmer. Rannte auf die Toilette und übergab sich. Würgte und würgte, bis nur noch Galle kam.

Nein, das war nicht die schmeichelnde, weiche Stimme aus seinem Traum. Aber vielleicht die drohende, schneidende, die ihm verbot, etwas zu sagen, sonst würde er ihn finden. Überall!

Und wieder stand er in Hansens Zimmer. Diesmal flüsterte der Alte, war kaum zu verstehen. »Du musst näher herankommen.« Jonas trat an das Bett, beugte sich über ihn. »Ich bin so einsam. Alle lassen mich allein. Alle. Bitte halte meine Hand.«

Zögernd ergriff Jonas die kalten Finger.

Er war wieder der kleine Junge im Wald. Von der Schwester und ihren Freundinnen zurückgelassen. Die Dunkelheit kroch heran. Er fror. Jemand zog ihn an der Hand zu einer Hütte.

Abrupt ließ Jonas die Hand los.

»Du perverses Schwein! Du hast das mit mir gemacht!

Keiner hat mir geglaubt!«

Hansen sah ihn mit weit aufgerissenen Augen an. Hellblaue Augen. Augen, die in sein Inneres sahen, sich in seinem Gehirn einnisteten wie ein Tier.

Hansen schüttelte den Kopf. »Das waren doch nur Kinderspiele«, murmelte er.

Jonas erstarrte. Er konnte sich nicht bewegen, nicht schlucken, schon gar nicht sprechen. Er wollte weg, raus aus dem Zimmer, seinen Gedanken, seinem Leben. Aber seine Glieder gehorchten ihm nicht.

Hinter ihm öffnete sich die Tür. Er hörte wie durch einen Schleier eine Stimme.

»Hallo Vater.« Die Stimme klang fröhlich. Zu fröhlich. Jonas erwachte aus seiner Starre, drehte sich um und verließ das Zimmer. Er fühlte sich wie in einem Kokon, der nur langsam von ihm abzufallen schien. Ein Teil von ihm war überzeugt, dass Hansen ihn als kleinen Jungen missbraucht hatte. Der andere Teil war sich nicht sicher, ob er der Erinnerung trauen konnte. Und beweisen, nein beweisen konnte er ohnehin nichts.

Irgendwie brachte er den Tag hinter sich. Im Augenwinkel sah er Hansens Tochter durch die Gänge huschen. Sollte die sich doch kümmern. Tatsächlich blieb die Klingel für den Rest des Tages stumm. Als Jonas das Essen brachte, schlief der Alte. Er weckte ihn nicht. War froh, nicht in die blauen Augen sehen zu müssen.

Am nächsten Tag trat er wie gewohnt seinen Dienst an. Ina stand schon in der Küche, reichte ihm einen Kaffee und sagte unvermittelt: »Hansen ist tot. Vermutlich Schlaganfall. Als die Nachtschwester gestern nach ihm schauen und das Tablett abholen wollte, lag er leblos in seinem Bett. Ist dir nichts aufgefallen? Du hast ihm doch das Essen gebracht.«

Die gleichen Fragen stellte auch die Heimleiterin. Und sah ihn streng an. »Sie sind doch eine erfahrene Pflegekraft. Ist Ihnen denn nichts aufgefallen?«

Jonas schüttelte den Kopf. »Nein, Herr Hansen war an dem Tag wie immer. Vielleicht etwas ruhiger. Als ich das Essen brachte, schlief er. Ich bin mir sicher, dass er noch atmete. Sonst hätte ich doch reagiert. Andererseits war ich mit einer kleinen Unterbrechung seit 24 Stunden im Dienst.« Er ließ den Satz im Raum stehen, die Leiterin senkte den Blick.

»Ich weiß.« Sie deutete Jonas, dass er gehen konnte. Er traute sich nicht zu fragen, ob es eine polizeiliche Untersuchung geben würde. Bestimmt würde die Tochter es nicht auf sich beruhen lassen. Würde allen erzählen, dass er den Vater aufgeregt hatte.

In seiner Mittagspause ging er in den Park, er musste allein sein, wollte seine Gedanken ordnen. Er sah Hansens Tochter auf einer Bank sitzen.

»Frau Hansen?«

Sie blickte auf. »Ich heiße nicht Hansen.«

»Entschuldigung. Aber Sie sind die Tochter von Herrn Hansen. Mein herzliches Beileid. Darf ich mich einen Moment zu Ihnen setzen?«

Sie zögerte, dann nickte sie. Eine Weile saßen sie schweigend nebeneinander.

»Ihr Vater war ein ganz besonderer Patient«, hörte Jonas sich schließlich sagen. »Oft ein wenig schwierig. Eben eine Persönlichkeit.«

»Er war nicht mein Vater«, unterbrach sie ihn.

Jonas sah sie an.

»Er war mein Stiefvater. Ich war sechs, gerade eingeschult, als er bei uns einzog. Mein kleiner Bruder Matti war vier.« Sie schluckte. Jonas sah, dass ihre Augen gerötet waren. »Vier Jahre. Er vermisste unseren Vater so sehr. Und freute sich, als jemand die Stelle einnahm. Sie unternahmen viel miteinander. Gingen baden, zum Angeln, machten Wanderungen im Wald.

Zuerst blühte der Kleine auf. Dann wurde er immer stiller. Machte wieder ins Bett. Meine Mutter konnte sich das nicht erklären. Matti wurde vom Sonnenschein zum Problemkind. Einmal kam er mit seinem Kinderkoffer zu mir und sagte, wir sollen ausreißen. Ich lachte. Matti weinte und sagte, dass Papi komische Dinge mit ihm mache. Ich fragte, was für Dinge? Aber er konnte mir das nicht erklären. Zu mir war Papi immer nett. Mir kaufte Papi alle Spielsachen, die ich haben wollte. Ich glaubte Matti nicht. Ich war selbst noch ein Kind, konnte das nicht begreifen. Mit vierzehn hat Matti sich umgebracht. Und ich habe ihm immer noch nicht geglaubt. Keiner hat ihm geglaubt. Weil Papi immer so nett zu uns war. Uns ständig schöne Dinge gekauft hat. Ich habe meine Mutter gefragt. Sie konnte sich nichts darunter vorstellen, was Matti gemeint hatte. Sie sagte, dass er immer schon eine blühende Fantasie hatte. Und in der Schule einfach an die falschen Freunde geraten war. Dabei hatte er keine Freunde.« Sie vergrub das Gesicht in den Händen. »Letzte Woche habe ich noch ein paar alte Kisten von Papi gefunden. Mit Fotos von Matti, die ein Vater nicht haben sollte. Und auch Bilder von anderen kleinen Jungs.«

Jonas wollte ihr beruhigend die Hand auf den Arm legen, aber er konnte sich nicht bewegen. Er wollte etwas Tröstendes sagen, etwas wie »nun ist er tot und wir alle sollten Frieden mit ihm machen«, aber er konnte nicht sprechen. Er konnte noch nicht einmal fühlen. Sein Kopf war leer. Das Raubtier war tot.

Eine Weile saßen sie still nebeneinander und starrten ins Grün.

»Ich habe es für Matti getan. Es war das Einzige, was ich noch für ihn tun konnte.« Der Frau liefen Tränen die Wangen hinunter, sie wischte sie nicht weg, weinte lautlos. Irgendwann drückte sie kurz Jonas' Hand, dann stand sie auf und ging.

Er blieb sitzen. Im Baum neben der Bank zwitscherte eine Meise. Jonas blickte zu dem Vogel, dann auf seine Hände. »Danke«, murmelte er.

AUTORINNEN

MARTINA PAHR

Als Magistra der Literaturwissenschaft hat sie sich als Fernsehredakteurin die Nerven schreddern lassen, als Reiseleiterin weltweit verausgabt und als PR-Frau Werbung für andere gemacht. Solange, bis sie sich endlich ihren Lebenstraum erfüllte, vom Schreiben zu leben. Inzwischen tobt sie sich an Artikeln, Ratgebern und launigen Lesebühnentexten aus. Ihr erster Krimi »Nur die Wühlmaus war Zeuge«, ist gerade erschienen. Setting ist die Anlage ihres Schrebergartens, den sie pflegt, wenn sie sich nicht gerade im Sommer in Schottland oder im Winter in Asien herumtreibt. Sie ist Regiovorsitzende Bayern der Mörderischen Schwestern e.V. www.martinapahr.de

HANNELORE KOCH

lebt mit ihrer Familie und fünf Katzen in der Nähe von München. Sie studierte Anglistik und Germanistik an der Ludwig-Maximilians-Universität in der bayerischen Hauptstadt. In ihrer Freizeit liest sie leidenschaftlich gerne Krimis und Thriller, die sie in ihrer Eigenschaft als Theaterpädagogin auch als Theaterstücke inszeniert. Ihre erste Veröffentlichung war ein geschichtlicher Text für die Anthologie »Untold Stories – Erinnerungen aus dem zweiten Weltkrieg«, in dem sie das Schicksal einer nahen Angehörigen und deren Flucht aus Schlesien beschreibt. Die Autorin ist Mitglied bei den Mörderischen Schwestern und im Bundesverband junger Autoren und Autorinnen.

Anja Puhane

Die Mönchengladbacher Autorin Anja Puhane schreibt Kurzgeschichten in diversen Genres. Zahlreiche wurden in Anthologien veröffentlicht. Ihre spezielle Leidenschaft sind Krimis mit überraschenden Wendungen und oft rabenschwarzem Humor. Seit sie an der Rowohlt Krimischule teilgenommen hat, ist ihr erklärtes Ziel, endlich einen Kriminalroman zu veröffentlichen. Allerdings kommt nach dem Motto »in der Kürze liegt die Würze« immer wieder eine Kurzgeschichte dazwischen. Aktuell hat sie mit einer Kurzgeschichte den ersten Platz beim Freiburger Krimipreis belegt. Sie ist Mitglied bei den Mörderischen Schwestern e.V..

Claudia Westhagen

Claudia Westhagen, geboren in München, ist eine vielseitige Autorin für Krimis, Thriller, Lyrik und neuerdings auch Liebesgeschichten. Nach dem Schauspielstudium folgten Bühne, Radio, Lesungen, Vorträge und eine eigenentwickelte Multi-Channel-Bühnen-Show. Ende 2016 gründete sie den myshow Verlag. Ihre Krimis sind für ihre raffinierten Plots und fesselnden Charaktere bekannt und haben eine loyale Fangemeinde gewonnen. Häufig ist sie mit Ihrem Wohnmobil auf Reisen, immer bereit, neuen Abenteuern zu begegnen und dabei das Besondere einzusammeln, das buchstäblich auf der Straße liegt. In der Kurzgeschichtenreihe TEILWEISE KRIMINELL schreibt sie über psychosoziale kriminelle Handlungen. Sie ist u.a. Mitglied in »Die Poesieboten e.V.« und bei den »Mörderischen Schwestern e.V.«.

MONIKA WESTHAGEN

Monika Westhagen war 40 Jahre lang fest angestellte Polizeidolmetscherin beim Fremdsprachendienst des Münchner Polizeipräsidiums.

2007 zog sie nach Gran Canaria und verbringt seitdem dort die Wintermonate. Im Sommer lebt und arbeitet sie in München.

Ihre Urlaube verbrachte sie zusammen mit ihrem Mann in selbstgebauten Wohnmobilen in Italien, Spanien, Portugal, Frankreich, Norwegen, Schweden, Finnland, Griechenland, dem Peloponnes und Ostanatolien.

Das Reisetagebuch war ihr ständiger Begleiter, damit die Mutter an ihren Erlebnissen teilhaben konnte. Seit sie nach dem Tod ihres Mannes alleine lebt, hat das Inseltagebuch die Stelle des Reisetagebuchs angenommen. Sie hat Bücher übersetzt, u.a.: »Interviews aus dem kurzen Jahrhundert«.

107

DANKE

Ein besonderer Dank gilt der obdachlosen »Willie« (Name geändert), die nicht nur ihre Zeit, sondern auch ihre Lebensgeschichte mit mir geteilt hat. Es war mir eine Freude, dich kennengelernt zu haben und durch deine Augen in eine Welt zu blicken, die oft übersehen wird. Ein herzlicher Dank geht an die Autorinnen, die mit ihrer Vielfalt an Stilen und Themen jede Geschichte rund um das rosa Prepaidhandy mit Hingabe und Brillanz gestaltet haben. Herzlichen Dank an Désirée Wörner für ihr Korrektorat und an Anne Gebhardt für ihr fantastisches Cover. Besondere Dank gilt meinem Sohn Manuel, der meine Ideen stets herausragend umgesetzt hat und meinem Mann Thomas, bei der Hilfe die vielfältigen Themen zu einem harmonischen Ganzen zusammen zu führen. Ein großer Dank geht an Julia Westhagen, die mit mir die Themen erkundet hat, die Jugendliche in der heutigen Zeit bewegen. Dieses Buch widme ich dir.

Ein besonderes Dankeschön an all jene, die uns bei Recherchen unterstützt haben, sowie an die engagierten Menschen in Vereinen und Institutionen, die Opfern und Angehörigen von Gewalttaten beistehen.

Ein herzliches Dankeschön an Vertrieb, Social-Media-Team, Buchhandel und an Sie, liebe Leser:innen, die uns finden werden. Vielen Dank an unser TEILWEISE KRIMINELL Fanpublikum. - Eure Begeisterung motiviert uns enorm. Wir freuen uns darauf, unserer Kurzgeschichtenreihe mit Ihnen in die Welt zu tragen und sind dankbar für Ihre Unterstützung.

Mit herzlichen Grüßen und voller Vorfreude auf weitere Abenteuer,

Ihre

Claudia Westhagen

AUSBLICK

Die Reihe TEILWEISE KRIMINELL geht weiter. Episodisch, kurz.

Welche Geschichten Sie erwarten? Lassen Sie sich überraschen. Gleicher Gegenstand, gleicher Ort. Sie werden Menschen begegnen, die Sie schon kennen. Auch neuen Schicksalen werden Sie folgen können. In jedem Fall: TEILWEISE KRIMINELL.

BISHER ERSCHIENEN:
Band 1: TEILWEISE KRIMINELL - Die Parkbank
Band 2: TEILWEISE KRIMINELL - Die Schneiderpuppe
Band 3: TEILWEISE KRIMINELL - Das Wohnmobil

DIE NÄCHSTEN TITEL LAUTEN:
Band 5: TEILWEISE KRIMINELL - Der Wohnwagen
Band 6: TEILWEISE KRIMINELL - Die Banane

Folgen Sie uns auf facebook, Instagram und www.my-show.org.

EMPFEHLUNGEN

AUTOR:INNEN
Rudolf Georg, Stefanie Gregg, Margit Heumann, Hannelore Koch, Brigitte Lamberts, Kerstin Lange, Sibyl Quinke, Ursula Schmid-Spreer, Joachim Speidel Barbara Steuten, Claudia Westhagen Fenna Williams

Unter dem Olivenbaum, 01
ISBN: 978-3-946-505-28-0
Preis: € 14,90

Ein einzigartiges Potpourri aus kraftvollen Liebesgeschichten, packenden Krimis und Momenten heiterer Gelassenheit.
»Unter dem Olivenbaum« ist mehr als eine Sammlung von Erzählungen – es ist eine faszinierende Vielfalt menschlicher Emotionen, Intrigen und leidenschaftlicher Abenteuer.

»TEILWEISE KRIMINELL«

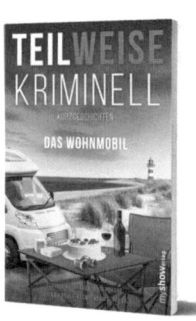

Autor:innen

Erika Kiechle-Klemt
Anja Puhane
Adam S. Preuß
Claudia Westhagen

Band 03

Das Wohnmobil
ISBN: 978-3-946-50524-2
Preis: € 10,90

Schnallen Sie sich an und tauchen Sie ein in Kurzkrimis auf Rädern! Fahren Sie durch das schöne Europa! Sicheres Ankommen nicht garantiert!

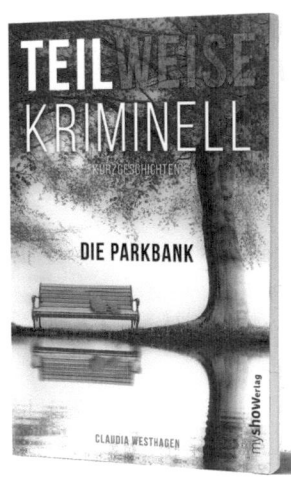

Autorin

Claudia Westhagen

Band 01

Die Parkbank
ISBN: 978-3-946505 29 7
Preis: € 9,90

Die blaue Parkbank dient als ein Ort der Einsamkeit und Sehnsucht, aber auch als Treffpunkt für gefährliche Begegnungen und Verbrechen.

Autor:innen

Anja Puhane
Claudia Westhagen

Band 02

Die Schneiderpuppe
ISBN: 978-3-946-50531-0
Preis: € 10,90

Ziehen Sie sich warm an und begleiten Sie die Schneiderpuppe in die umkämpfte Welt der Mode und der High Society. Aber Achtung: Der Schein trügt!

Impressum

Bibliographische Information der Deutschen Nationalbibliothek
Die Deutsche Bibliothek verzeichnet diese Publikation in der Deutschen Nationalbibliographie; detaillierte bibliographische Daten sind im Internet über www.dnb.de abrufbar.

myshow Verlag, Fraunhoferstraße 5, 82152 Planegg
Copyright © 2024 bei myshow Verlag
Neuerscheinung: 21.03.2024

Umschlagdesign: Anne Gebhardt, https://annegebhardt.design
Umschlagfotos: www.stock.adobe.com/de/ www.elements.envato.com/de/
Korrektorat, bis auf #ausschwarzmachweiß: Désirée Wörner, www.lektorat-wortspirit.de
Satz und Layout: Manuel Westhagen
Autorin: Monika Westhagen, Hannelore Koch, Anja Puhane, Martina Pahr, Claudia Westhagen
Printed in EU, Recylingpapier
ISBN: 978-3-946505-25-9